TKC Methods

天才キッズクラブ式

最高の教育

やらせない、教えない、無理強いしない

田中孝太郎
Koutarou Tanaka

Tensai Kids Club

きずな出版

逆立ちしたまま歩ける

漢字も四文字熟語も読める

英語の単語やフレーズも覚えている

さらに……

4歳にして、これまでに読んだ本は1600冊以上

こんなふうに、スーパー園児がたくさん育つ保育園がある

その名も……

「天才キッズクラブ」

逆立ち歩き
15＋5は？
20!!
ことわざ
犬も歩けば？
ぼうにあたる
ぼうにあたる
カルタ
幼稚園
はい!!
天才キッズクラブに見学にやってくる年間1000人にも達する大人は聞く
なぜこんなことができるんですか!?
ジャーン

それはやらせない、教えない、無理強いしないからです！
1に楽しく2に楽しく3、4がなくて5に楽しく
ワクワクした環境をつくると子どもたちは自分からやりたくなる！
ポカーン
そして楽しいことを夢中になってやっているとできるようになるんです

あなたは!?
バッ
さっ
はい！逆立ちできる人！
はい!!
ハイ
はい
はい！
……
あれは田中孝太郎理事長です
理事長は子どもと関わるとき自分自身も子どもになるんです

天才キッズクラブを見学にやってくる大人は聞く
天才キッズクラブっていう名前、
これはここに来ると子どもが天才になれるって意味ですか？
違います!!
うわっ理事長！
そもそも子どもはみんな天才なんです！
お〜〜!!

ダメな子なんていない
すべての子どもが
天から授かった
すばらしい才能・個性を
もっているんです！
その
才能・個性を
最大限引き出して
伸ばす環境を
大事にしています！
カルタ
やりたい人！
理事長は子どもたちと
関わるとき童心に帰り
こうちゃんマンとなる!!
やりたい！
やるやる
――！
カルタ
だいすき！
大人の
皆さんも
やりましょ
――!!
ああ
はい・・・

イエ〜!!
カルタ対決
大人惨敗!!
※これはTKCでよく起こる事実である
理事長
天才キッズクラブは
いつごろ開園
されたのですか?
2010年
新百合ケ丘で
スタートしました

3年くらいは
園児が8名ほどと
少ない時代が
ありました
毎日、散歩の時間は
楽しく歌い
こんにちは――!
道行く人に
挨拶したり、
ハイタッチをしたり
こんにちは――!

手遊び歌をしたり
カルタをしたり
幼稚園
自転車
徹底して楽しく遊んでいくうちに子どもたちは
どんどん成長し、変わっていきました！
それで私は気づいたのです!!

ダメな子なんていない
すべての子どもが
天才なんだ!!
――と
そこが
天才キッズクラブの
原点です
2019年
新たに6園加わり
2020年は
計17園の保育園と
学童・課外教室を
運営しています!

天才キッズクラブS園の子どもたちは毎朝裏の公園で楽しくマラソンをしている
先生たちは一人ひとりの名前を呼びながら応援する徹底していいところを認めて応援する
みのるくんカッコいい——！
ひろこちゃんすごいよ——！
ゆうへいくんなんて速いんだ——！
決して「しっかり走れ！」や「もっと速く！」という、強制するような声かけはしない

この無理強いしない空間で子どもたちは楽しい！好き！のポジティブな感情を持って夢中になって走る
次は10周競争！やりたい人あつまれー!!

やりたい！

わたしもはしりたい！

ぼくもやる!!

足が速い子は一週遅れでスタート
はい、きたよーー スタート！
みんなが入賞できる環境 速い子は特別なポジションでモチベーションアップ

競争に出ない子どもたちは応援にまわる
みのるくんがんばれー
ひろみちゃんいけー
ようこちゃんいいぞー
人を応援することや自分ができることでがんばるそんな環境づくりができている
すごいすご──い!
カッコいいねみんな!
10週競争もう一回やりたい人あつまれ!
さんかする!
やりたい!
ぼくもやる!!

初めて「天才キッズクラブ」に見学に来られた方は、とても驚かれます。

でも、私たちからしたら、この保育園での子どもたちの成長はごくごく当たり前のことです。

なぜなら、本来、子どもは全員がかならず天才性を備えて生まれてくるから。

親である私たちは、子どもに強制することなく、
それを引き出してあげるだけ。
本書では、その方法を、余すことなくお届けしたいと思います。

はじめに

どんな子でも、かならず才能を持っている

子どもはみんな、天才です。

生まれたときから誰もが、たくさんの才能を持っています。

「子どもたちの才能を大切に育て、潜在能力も含めて引き出してあげたい」

そんな思いから、神奈川県に保育園「天才キッズクラブ」を創設したのが、いまから約10年前。たったひとつの保育園が、いまでは東京・神奈川を中心に17園の保育園と学童クラブ・課外教室を展開するまでになりました。

「天才キッズクラブ」では、**走るのが得意な子、お絵かきが上手な子、友だちに優しくできる子、算数の計算が得意な子、逆立ち歩きが上手な子、読書が好きで1年間に400冊以上の絵本を読む子……**など、みんながそれぞれの才能を持っています。

ただ、これは決して特別な才能を持った子が集まっているというわけではありません。本来、子ども一人ひとりがすばらしい才能を持っているのです。

私たちは、**保育の環境を整えることによって、それぞれの子どもたちが持っている天才性を引き出せるようにしている**、というだけなのです。

◎怒鳴っても、無理にやらせても、人は変わらない

「天才キッズクラブ」では、「やらせない、教えない、無理強いしない」ということをモットーに、子どもたち一人ひとりの個性や才能を伸ばす教育をおこなっています。

いまでこそ、この言葉を指針に教育をしていますが、かつての私はいまとは真逆のスパルタ教育でした。

私がアパレル会社を立ち上げたのは29年前。

起業1年目の私は、ど素人でまったく売れず。それでもなんとか食らいつこうと思い、がむしゃらに働き、2年目以降に徐々に売上が伸びていきました。その後、私は

寝る間もおしんで働き、アパレル業でブティックをどんどん展開し、23店舗まで増やしていったのです。

会社はそれなりに成長したけれど、切り捨てる人も多かった。能力が高く、根性がある人間だけが伸びる――。そんな人材育成をしていたのです。

必死になって大きくしたはずの会社は、気づけば民事再生法の適用を受けて破産……。その出来事をきっかけに、いろいろなことを考えさせられました。

仕事から頭が離れたとき、ふと家族のこと、子どもたちのことに目が行きました。私には4人の子どもがいますが、これまでは仕事中心で、家族のことは妻に任せっきり。そこで「これからはもっと子どものことにかかわろう」と思い、送迎がてら、子どもの塾や学校を見学しに行くようになったのです。

いざ学校や塾での子どもたちの様子を見てみると、**我が子をはじめ、まわりの子どもたちの目がイキイキしていない……。**そこから、学校教育や日本の教育体制に疑問を持ちはじめました。

6歳までの教育は、人間のベースになるものが育つ時期なので、このときをどう過ごすかがとても大事です。**もし本気でこの社会を変えていこうと思ったら、幼児教育からはじめるべきなのではないか**と感じ、そこから模索がはじまりました。

セミナーや勉強会などに参加し、「七田式」「公文式」……さまざまな教育について学びました。

そのときに出会ったのが「ヨコミネ式教育」です。

わずか4～6歳の子が逆立ち歩きをしたり、跳び箱を跳んだりと、運動能力が高いうえに、読み書き計算までできる子どもたちをたくさん見ました。

自分の子どもたちは、もうある程度大きくなってしまったものの、「このくらいの時期にやってあげていたら人生が変わっていただろうな」と感じました。

「これまで自分がやってきたチームづくり、会社づくりを総結集して保育園をつくったら日本の将来のためになるのでは？　それを自分がやるべきだ！」と思ったのです。

◎「楽しい！」で、子どもの無限の可能性を引き出す

それからというもの、スパルタ教育は徹底的に排除しました。

かつて私がアパレル業時代にやっていたスパルタ教育は、結果として組織を伸ばすどころかダメにしてしまいました。スパルタ教育は、ときには高い結果を出すこともあるかもしれません。しかし、一時的に結果が出たとしても、無理にやらせてしまったら、途中で嫌になってやめてしまうことが多くなります。

もしも、本当に子どもが持つ潜在的な能力を伸ばそうと思ったら、心から楽しむことが必要です。楽しければ、子どもは自発的に何回も同じことを繰り返し、その結果自然と伸びてきます。それを見たパパやママ、おじいちゃん、おばあちゃん、保育園の先生がほめてくれる。ほめてくれる環境が整うのです。

多くの子どもに通用することは、ほめて伸ばすことです。

楽しく遊んでいるうちに、気づいたら習得してしまっていた。楽しくて仕方がない、やりたくて仕方がない！　それで伸びていくのです。

保育園などのように、大勢の子どもたちが一斉に同じことに取り組む場合、子どもによってはうまくいかないこともあります。そんなときは、個別に先生たちがフォローしてあげる必要があります。

もし、ここで**フォローしないで、ほかのできる子どもたちと比べて「なぜあなたはできないの？」と言ってしまうと、子どもはやる気をなくしてしまいます。**

そのため、子どものやる気がなくならないように、もう少しやってみようと思えるように、励ましながらできるように、みんなでフォローしてあげることが大切です。

絶対的に楽しく、楽しく！　私は徹底してオリジナルな路線をとることにしました。徹底的に「子どもにとって最高な環境」にできたら誰もが喜びます。一途にその道を極めるだけです。

アパレル業は、洋服を売るだけではなく、お客さんの心もピカピカにしてあげたら大変喜ばれます。シンプルなことを、誰にも負けない、唸《うな》るくらいやる。そしたら口コミが生まれて、売上は必ず伸びます。

保育園も同じです。**徹底して子どもと向き合い、認めてあげたら、子どもたちはどんどん伸びるのです。**

子どもは、誰しも天才性を持って生まれてきています。

「天才キッズクラブ」の保育園に来たから天才になったわけではありません。

「天才キッズクラブ」では、子どもたちが持つ無限の可能性を引き出す環境を整えてあげているだけなのです。

本書では、私が「天才キッズクラブ」を運営し、たくさんの子どもたちを見てきたなかでまとまった知見を、すべてあなたにご提供いたします。

この本をきっかけに、ひとりでも多くの幸せな親子が生まれることを願って。

もくじ

やらせない、
教えない、
無理強いしない

天才キッズクラブ式
最高の教育

第1章
子どもの可能性が無限に伸びる！覚えておきたい、教育の基礎基本

もくじ

もくじ

第3章 逆立ち歩き、マラソン……子どもの身体能力を劇的に伸ばす運動法

第4章

感情や情緒を育み、創造性が伸びていく！「情操教育」のテクニック

もくじ

第1章

子どもの可能性が無限に伸びる！覚えておきたい、教育の基礎基本

#「やらせない、教えない、無理強いしない」からこそ、子どもは自然と伸びる！

「理事長先生、おはよう！　マラソンやりたい！」
「よし、今回は理事長先生が1位をとるぞ！」

毎朝、子どもたちは保育園のそばにある広場に行き、マラソンをしています。どの子も顔がイキイキとしていて、見ているこちらが幸せを感じるくらいです。

冒頭でもお伝えしましたが、「天才キッズクラブ」では「**やらせない、教えない、無理強いしない**」ということをモットーとしてやっています。

この真逆は「スパルタ教育」です。つまり「子どもたちに無理をしてでも強くなるようにやらせること」です。

スパルタ教育は、過去には「子どもの能力を最大限に引き出せるのではないか」ということで注目された時期もあります。しかし、ある一定期間は伸びても、結果的には伸びなくなってしまうのです。それどころか才能が開く前につぶれてしまう子もたくさんいます。そのせいで、自己肯定感が低い子がたくさんできてしまう。

いま、日本の教育に欠けているものは「自己肯定感」と、子どもたち一人ひとりの「生きる力」です。なかでも子どもたちの自己肯定感の低さは、社会的な問題になっています。

◎自己肯定感の低い子どもたち、原因は「やらされている」こと

「高校生の生活と意識に関する調査報告書－日本・米国・中国・韓国の比較－」（平成27年度調査）によると、「自分はダメな人間だと思う」という項目に対して、日本の高校生の72・５％がイエスと答えています。

ちなみに日本以外の国はどうかというと、韓国の学生は35・２％、アメリカは45・

1%、中国が56・4%でした。つまり、**日本の高校生の自己肯定感は、中国、韓国、アメリカ、日本の4か国を比べたときに、圧倒的に低い**のです。

なぜ、そんなに日本の子どもたちの自己肯定感が低いのか。

その理由のひとつは、子どもたちが「心からやりたいこと」ではなく、親や先生から求められることを「やらされて」育ってきているからです。

勉強でもスポーツでも「やらされて」いたら楽しくないですよね（そもそも楽しめない環境自体が問題ですが）。そのような環境で育ってきた子どもは、20歳を超えても夢も目標もなく、ただ与えられた仕事をこなすだけ。何をやっても長続きせず、そのうちに「生きていても楽しくない。人の役に立てない自分はダメな人間なんだ」と思ってしまうこともあるのです。

もちろん親だって、子どもをそんなふうに育てたいと思っているわけではありません。むしろ、志を高く持ち、社会で通用する立派な人間に育て上げたいと思っていたはずです。子どもたちの自己肯定感が低くなってしまう原因はどこにあるのか。私自身の経験をもとにお話しします。

◎「やるからにはメダルを目指したい」は親のエゴ？

私には４人の子どもがいますが、その子どもたちを育てるなかで起こったある出来事がきっかけで、考え方が大きく変わりました。

当時、子どもたちはレスリングと空手を習っていました。そのとき、私自身もスポーツが好きということもあり、また、レスリングや空手のおもしろさ、大変さを子どもたちと一緒に感じたい、自分自身も体験しているから言えることがあるのではないか？　という思いから、子どもたちと一緒に、道場に通っていました。

どこの親も同じだと思いますが、当時は私も子どもの習いごとに対して期待していました。ただ、そのレスリング道場は、それほど大会に力を入れていなかったのです。

私は、レスリングをやるからには子どもに勝つ喜びを教えたいと思いました。

近所に、別の全国大会に力を入れている道場があったのですが、「いまの道場のほかに、あちらの道場にも子どもを通わせようかな？」と考えたのです。

それで、現道場のコーチに「全国大会で勝ちたいから、あちらの道場にも行ってみたい」という相談をしました。そのときにコーチが「田中さん、全国大会などにあまり入れ込まないほうがいいですよ」と話してくれたのです。

このコーチはいろいろな道場をまわり、子どもを指導してきた方です。コーチは、

「最初は子どものためにと言って通わせていたはずなのに、次第に親のほうが入れ込んでしまう。子どもは親の期待に応えようとがんばるものの、結局は力尽きてしまう。さらに、せっかく全国大会で勝ったにもかかわらず、レスリング自体をやめてしまう子もいる。結果、長続きしない子をたくさん見てきたんです」

と言うのです。

◎「教え育てる」から「共に育つ」へ

当時通っていた道場は、日本でも有名になった某プロ格闘家を輩出していたのです

が、それは大会結果だけにこだわらずに、楽しいことを追求したからこそ、選手の力を最大限引き出すことができたというのです。

その道場では「人生を楽しむ」ということをモットーにしていて、大会で勝つためだけに過度な練習をさせるということはありませんでした。

さらに言うと、その道場のトップはレスリングをしながら世界を旅した人で、練習のあとには旅の途中で覚えたという趣味のギターを弾いてくれ、子どもたちみんながそのひとときを楽しんでいました。

そのこともあり、道場に通う子どもたちもみんな仲よしで、ともに仲間を応援し、励まし合う最高の環境でした。

道場のコーチからそんな話を聞き、自分自身のことを振り返ったとき、**子どもよりも自分のほうが勝つことに執着してしまい、強くなるためにと無理に練習をさせようとしていた**ことに気がつきました。

これからは、ただ強くなることだけを目的とするのではなく、子ども自身が心から楽しめること。また、人のために役立つようになることが大切なのだと、あらためて考えた出来事でした。

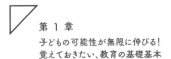

家庭が子どもを育て、環境が才能を開花させる

子どもは、大人が思っている以上に、自分が置かれている環境からたくさんのことを学びます。

私自身のことをいうと、小さなころから算数の計算が得意な子どもでしたが、それは実家が商売をしていたという環境が大きかったからでしょう。

両親は、ふたりとも商売をやっていました。父親と母親、それぞれがスーパーのような小売店を経営していたのです。私は兄弟の3番目の子どもとして生まれ、いつも母親におんぶされていました。

母の背中に背負われながら、「ニンジン○○円ね。かぼちゃは××円。合わせてい

くら」という、母とお客さんとの会話が耳に入ってきました。その会話から、私は数字の計算を覚えていったのです。数字を聞くだけで頭のなかで自然と計算ができてしまうのです。暗算で覚えていたから、算数の計算が得意になりました。

まさに「暗算の神様」になったかのような感じでした。**計算するとほめられる。正解するとまたほめられる。ほめられれば嬉しい。ほめられるからがんばる。**

お客さんとのやり取りを肌で感じながら「商売って楽しいな。いつか自分も商売をやりたいな」というふうに、子ども心に感じていました。

◎「何のために勉強をするのか」がわからなくなった学生時代

小学生はもちろんのこと、中学生になっても数学が得意で、先生からもたくさんほめられました。

それが一変したのは、高校に進学してからです。

それまでは特別がんばらなくてもいい成績が残せていたのに、進学した先の高校は「できて当たり前」の雰囲気でした。私は数学が誰よりも得意だと思っていたけれど、自分くらいできる生徒はたくさんいる。しかも、みんなが大学受験に向かって勉強ばかりしている。その雰囲気に馴染めないところもあり、徐々にパチンコ、麻雀にあけくれるようになりました。

それでも、1年生のときは数学などの科目はよくできたほうでした。

問題は2年生になってから。学校に行って授業に出ても楽しくない。部活は楽しみだったものの、部活以外に学校に行く理由が見当たらない。

成績はどんどん落ちて、383人中382位までになりました。親としては、期待していた息子の成績がどんどん下がってきて、がっかりしていたかもしれません。

その後は、なんとか大学に進学したものの、結局、何のために行くのか理由が見いだせず中退することに。

社会に出てからは、3つの仕事をかけもちしながら「どうしたら稼げるのか？」ということを考えて、ひたすら働き続けました。そんななか私が感じていたことは、

「高校で勉強したことの99％は、仕事では使わないいじゃないいか。にもかかわらず、な

んのために偏差値を重視しなければいけないのか」

ということでした。この矛盾点に納得できなかったのです。

◎能力を伸ばすためには、幼児期に土台となる根っこを伸ばすこと

いまも同じ思いです。

昔に比べると、偏差値偏重教育はかなり変わってきたと思います。

反面、親御さんのなかには数字ばかりを見て子どもの進路を決める人もいます。

でも、学力は子どもの持つ能力の一部です。目の前の子どもを数字だけで判断したら、本来伸びる子どもが伸びなくなってしまう――。

「子ども一人ひとりの持つ能力を引き出すためには、どうしたらいいか」

そう考えたときに、人間の土台が育つ幼児期の教育が大切だと感じたのです。

いま、土台となる根っこをしっかりとつくってあげたい。子どもたちの才能を伸ば

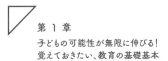

してあげたい。その思いから保育園ができました。

もし、私が生まれた家庭が商売をやっている家でなかったら、私は幼いころから計算が得意な子どもになっていなかったかもしれません。そう思うと、育った環境はものすごく子どもに大きな影響を与えます。

私は、高校、大学と一時期道から逸れたことはありますが、根っこにある幼児期の「楽しかった体験」というのは残っています。

あのとき母親の背中におんぶされながら聞いた会話は、とても楽しかった。そういう経験が絶対に根っこにいきると思っています。そうやって母親の背中で商売を見ていたから、計算が得意になった。まさに、**家庭が子どもを育て、環境が才能を開花させるのです。**

大人の「表情」や「態度」で、子どもを強制しない

私は「天才キッズクラブ」の運営者であり、子どもたちの先生でもあります。同時に経営者として、たくさんの先生たちを指導する立場でもあります。

毎日「もっとこうしたら保育園は楽しくなるかな」「子どもたちの成長につながるかな」と考えながらやっています。

一緒に「世界一ワクワクする保育園」をつくってくれている先生たちのことも考えています。

私が先生たちに対して気をつけていることとは、**「こうしなさい」ということをできるかぎり言わないようにしている**、ということです。

いいことがあれば、先生たちは勝手に真似をします。これは我ながらいい文化だと思います。

◎「注意しない＝何もしないで放置しておく」わけではない

反面、先生によっては、気になることもあります。「いまの発言、表情は、子どもに強制することになっているんじゃないの？」と思うこともあるのです。

ただ、私はそれについてはほとんど何も言いません。というのも、私が「こうしなさい」と指導してしまったら、言われたほうの先生は嫌になってしまうこともあります。もちろん大人だし、仕事だから言わなければいけないこともあります。しかし、そんなときも必要最低限にしています。ワンポイントだけ、さらっと言う程度です。

大人に対しても、子どもたちと同じように「やらせない、教えない、無理強いしない」ということは、大事にしています。

「先生はそのままなの？」「言わなかったら、先生の態度はあらたまらないんじゃないの？」と思われるかもしれません。

もちろん、「注意しない＝何もしないで放置しておく」わけではありません。

こんなときは、ほかの系列園に研修に行かせます。

「○○園にいい先生がいるから、研修に行ってきてね」と送り出すのです。

研修に行って、ほかの先生たちが子どもと接するときにどのように声をかけているのかをよく見ることで、気づくこともあるでしょう。**人から言われて直すよりも、自分で気づいて直すほうが、はるかに効果がある**のです。

◎「怖い先生のほうが言うことを聞く」……学級王国の弊害

小学生の子どもを持つママたちの間で、子どもの担任になる先生は優しい先生がいいか、怖い先生がいいかという話をよく聞きます。

ママからすると「怖い先生のほうが、子どもがよく言うことを聞くから助かる」ということですが、果たして本当にその先生は「いい先生」なのでしょうか。

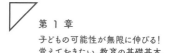

厳しくすることが悪いとは言いません。

ただひとつ注意したいのが、「怖い＝強制」になっていないか、ということです。

「先生が怖いからやる」というのは、絶対にやってはいけないこと。

子どもの脳内では「怖いからやる」というのは、やらされていることになります。

やらされてできるようになったことは、ある一定レベルまで行ったら成長が止まってしまいます。行き過ぎると、子どもは嫌いになってしまいます。


そうはいっても、たとえば人によっては「それで合唱がうまくできるようになったから、すばらしい」と言う人もいるかもしれません。しかし、子どもたちは本当に心から楽しんでいるのでしょうか？　内心、先生が怖いからやっているだけになっていないでしょうか？　子どもたちの表情はかたいままになっていませんか？

大人から見ていくらすばらしい演奏になっていたとしても、子どもからしたら、心から楽しめていないかもしれません。

全員が心から楽しめているか、子どもたちの瞳が輝いているか。

しっかりと、子どもの表情を見てあげてください。

子どもが「臨機応変力」を身につける秘訣

「天才キッズクラブ」には、年間1000人ほど外部の見学者がいらっしゃいます。見学に来るのは、保育園に入園を希望する親御さん、これから保育園や幼稚園をはじめようとしている人たち、または現在ほかの園で現役の保育士として働いている人、企業経営や企業研修をおこなっている人たちなどです。

保育園や幼稚園によっては「今日はお客さんがみんなの活躍ぶりを見に来るから、きちんと挨拶をして、いいお返事をしましょう」というところもあるでしょう。

しかし「天才キッズクラブ」の子どもたちは、**「保育園にお客さんが来るのが当たり前」という環境に馴染んでいるため、子どもたちも「お客さんが来るから、きちん**

「としなければいけない」ということはなく、普段通りのびのびと遊んでいます。そんな環境にいる子どもたちは、自分をどう見せるかを考えながら成長していきます。

お客さんが来たとき、私が子どもたちに声をかけて「体操を見せてくれる人～」と言うと、たくさんの子どもたちが「はーい！」と手を挙げます。みんな自分が得意なことを、遊びに来てくれた大人たちに見てほしいと思っているのです。

◎「正解」を求めるよりも「意見」を求める

いま、小学校の子どもたちは授業で手を挙げる子が少ないそうです。「当ててほしくない」「大勢の前で発言するのが恥ずかしい」と思っているからかもしれません。

しかし、保育園のうちから大勢の人の前に出て、自分の得意なことを披露することに慣れている子どもたちは、小学校の授業でも積極的に発言します。

もうひとつ、子どもたちが学校の授業中に手を挙げないのには理由があります。

それは教師が「正解」を求めるからです。

子どもだって、大勢の前で発表するのは緊張するし、がんばって手を挙げても、それが間違っていたら恥ずかしいと思うでしょう。

「天才キッズクラブ」では、「正解」を求めるよりも「意見」を求めます。そのため、子どもたちは自分の意見を堂々と言います。なぜなら、意見には正しい答えも間違っている答えもないからです。

「これが正しい」ではなく「私は、僕は、こう思う」ということが大切なのです。

意見は一人ひとり違うもの。自分の意見と友だちの意見が違っていたら、どこが違うのか、同じところはどこか、なぜそう思うのか、お互いに自分の考えを人前で伝え、同時に相手の意見もしっかりと受け止める。その繰り返しで、子どもたちは自分の意見を人前で堂々と話せるようになっていくのです。

◎臨機応変に対応する力がつく「無茶ぶり文化」

毎日たくさんの訪問客が来てドキドキしているのは、じつは園児よりも職員の先生たちかもしれません。なぜなら「天才キッズクラブ」には、「無茶ぶり文化＝臨機応変な対応」という雰囲気があり、どの先生も、保育中にもかかわらず臨機応変に対応

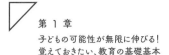

するということが根づいているから。

なかでも大切にしているのは、通りすがりでもオープンに声をかけられる雰囲気づくりです。

たとえば、先生が子どもたちと一緒に「カルタ遊び」をしていることがあります。

そこに、お客さんを連れて私が現れます。

私は急にその輪にまじって、子どもたちと一緒に「はーい！」と手を挙げてみたり、逆に、先生に代わって問題を出したりすることもあります。場合によっては、お客さん自身に授業に参加してもらうこともあります。

保育園では、わりとみんなのびのびやっているので自由度が高いように見えますが、じつはカリキュラムが組み立てられています。そのため、人によっては「いま、授業中なので邪魔しないでください」と言いたくなることもあるかもしれません。

しかし、ここではそんなことを言う先生はひとりもおらず、どの先生も臨機応変に動くことができます。それによって先生自身も、いつどんなときでも、その場で瞬間的に判断し、ベストな方法を考えて動く力が身につきます。

そうやって子どもたちだけでなく、先生たち自身も伸びていくのです。

「知能」「運動」「情緒」がそろったときに、子どもの成長は飛躍する

成長に密接にかかわる、「知能」と「運動」と「情緒」についてお話しします。

まずは「知能」について。

子どもは毎日成長しています。昨日できなかったことができるようになり、今日の午前中できなかったことが午後にできるようになる。

そんな急速な成長を見せる子どもですが、そのなかでもとくに著しく成長するのが0歳から6歳までの間です。

この時期は脳の成長が活発になるため、よりいろいろな刺激を与えてあげると、子どもは本来持っている能力を大きく開花させていきます。

そのときに必要なことは、子どもの「知りたい」という気持ちです。

これがある子は、自分からものごとを探究し、考える力、つまり「知能」がついてきます。では、この「知りたい」とは実際にどんなことをいうのでしょうか。

◎子どもの「知りたい気持ち」を刺激する

その前に少し、子どもの脳のことについてお話ししましょう。

子どもの脳は0歳から6歳までの間に著しく成長し、全体の約80%がこの時期に完成すると言われています。

なかでも「第一次認知革命」とよばれる生後10か月〜3歳は、記憶機能が活発に働きはじめるころです。子どもが空き箱などを車に見立てて「ブッブー」と言ったり、犬のぬいぐるみを見て「わんわん」というのは、この言葉の意味をちゃんと頭のなかにイメージできているからです。

この時期の子どもは、目に見えるもの、耳に聞こえるもの、ほかにも触ったり、ニオイをかいだりということに夢中。

この「見る、聞く、触る、味わう、嗅ぐ」という五感を使っていくことで、子どもの気持ちのなかに「これは何だろう」「どんなニオイがするんだろう」「どんな触り心地がするんだろう」という知りたい気持ち、すなわち好奇心が育つのです。

この時期にいろいろなものを見せたり、音楽を聞かせたり、触らせたり、ニオイをかがせたり、好奇心を刺激するようなことをたくさんおこないます。それによって子どもの脳は刺激を受け、知能もどんどん発達します。

ここでひとりの人物を紹介しましょう。

グレン・ドーマン博士です。

彼は、脳に障害のある子どもたちを救うため、脳の発達を研究していた幼児教育の専門家です。彼が開発したプログラムは「ドーマン・メソッド」と呼ばれ、日本の幼児教育でも広く取り入れられています。

ドーマン博士は、これまで世界１００か国以上の子どもたちの脳の発達について研究してきました。なかでも脳障害のある子どもの回復に成果を上げていました。

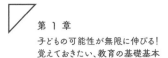

そこでわかったことは、**障害の有無に関係なく、0歳から6歳までの子どもたちは、適切な刺激を与えればもっと伸びる可能性がある**ということ。

こう話すとママたちは「え？　うちの子も脳にいい刺激を与えたらもっと伸びるかしら。そのためにはどんなことをしたらいいの？」と思うでしょう。

もちろん伸びます。**ただし、焦りは禁物。**

子どもにいっぱい話しかけてあげたり、歌を歌うことも、子どもにとってはいい刺激になります。言語のことについては2章で詳しく説明するとして、ここでは、運動について少しお話ししましょう。

◎運動によって得られる刺激が、脳の成長にも効果的

「赤ちゃんには、ずりばいをさせるといい」「たかばいをするといい」という話を耳にしたママも多いでしょう。

じつは、この体全体を使った動きは、脳に非常にいい刺激になります。

体を動かすことで脳に刺激を与えるだけでなく、バランス感覚が育ちます。また足

腰の筋肉が発達し、運動神経もしっかりと育つのです。

このときに**大切なことは、子どもの発達に合わせて必要な運動をさせてあげること**です。乳幼児期に必要な運動をさせておくと、体幹がしっかりと育っていきます。

たとえば「ずりばい」や「たかばい」に加えて、ハイハイを十分にさせること。歩けるようになったら、立ったり、しゃがんだり、ジャンプしたりといった、日常生活のなかで子どもがよくやる行動を、さらに意識してやらせるのもいいでしょう。

乳幼児期にしっかりと体力をつける、運動の基礎を培うことで、体が丈夫に育つだけでなく、ものごとに対して積極的に取り組むようになります。

また、運動を通して、協調性やコミュニケーション能力が育ち、認知能力の発展にも効果があると言われています。

こう話すとママたちのなかには「すぐにうちの子にも何かスポーツをさせないと！」という人もいるかもしれませんが、ここでも無理は禁物。

子どもが心から楽しいと思えることであれば挑戦してみてもいいでしょうが、無理強いをしたら、子どもは運動を嫌いになってしまいます。

運動をするときは、楽しく、子どもがワクワクする環境でさせてあげることです。

乳幼児期の子どもには、五感を使った刺激と運動がとてもいい刺激になるのです。

◎1日5分でもいいから、スキンシップを取ろう

「情緒」については、乳幼児期にしっかりと脳にいい刺激を受けた子どもは、理解力、判断力が高く、情緒的にも安定します。そのため穏やかで、好奇心旺盛な子どもに育ちます。このような子どもは、まわりの友だちへの気遣いもでき、困っている子がいたら助けてあげようとします。

このときに大切なのがスキンシップです。

スキンシップを取ることで「愛情ホルモン」と呼ばれるオキシトシンが脳内に分泌されます。その結果、子どもの脳の記憶力がよくなり、学習効果も高くなります。

またストレス耐性も高くなると言われています。生後1年未満の赤ちゃんであれば、抱っこしたり、顔や体全体をやさしくなでてあげる。幼児期の子どもであれば、ハグをしたり、ひざの上に乗せてあげるのもいいでしょう。

0〜6歳の間にすべきこと

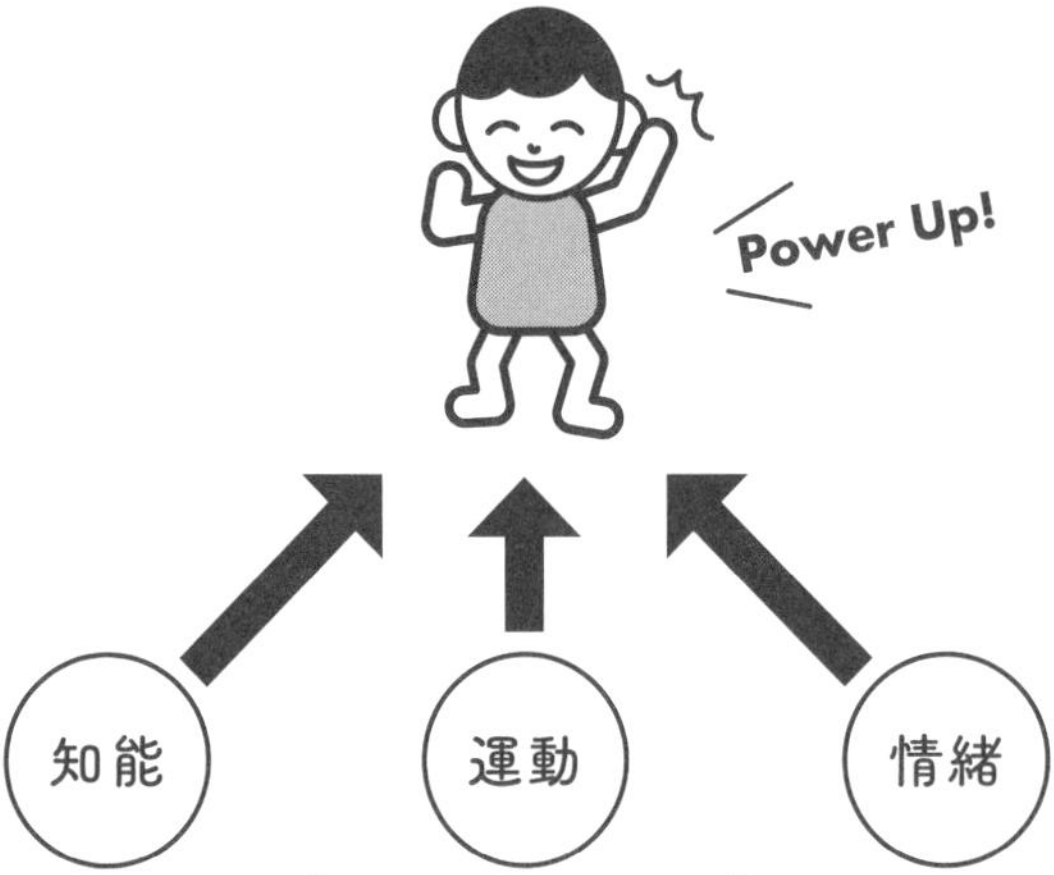

知能

五感を使っていくことで好奇心は育ちます。モノを見せたり、触らせたりしましょう! ただし、焦りは禁物!

運動

子どもの発達に合わせて必要な運動をさせましょう! 運動を通して、協調性・コミュニケーション能力が育ち、認知能力も発展します。

情緒

スキンシップを取ることで「愛情ホルモン」が分泌され、子どもの脳の記憶力がよくなり、学習効果も高くなります。ハグしたり、1日5分でもいいので、膝の上に乗せて、抱っこしてあげましょう。

現代社会はママやパパが忙しく、なかなか子どもと向き合う時間が取れないという話を聞きます。

そんなときは、**朝に子どもを送り出すときや、夜の寝る前にハグをしてあげる。または1日5分程度でもいいので、子どもを膝の上に乗せて抱っこしてあげましょう。**

たったそれだけで子どもは「自分は愛されている」ということを実感し、情緒が安定します。これは子どもと親に限らず、大人同士でも有効です。そのため「天才キッズクラブ」では、毎朝の登園時にハグをしています（これについては4章でくわしくお伝えします）。

このように、子どもは知能だけを育てればいいというのではなく、運動と情緒を同時に育てていくことで、脳にいい刺激をたくさん与えることができます。その結果として大きく成長するのです。どれかひとつに偏ることなく、3つをバランスよく伸ばすために、好奇心の刺激、年齢に合わせた適切な運動、スキンシップを大切にしていきましょう。

子どもはかならず名前で呼んであげよう

「理事長先生、おはよう！」
「理事長せんせーい。これ見て！」

毎朝保育園に行くと、たくさんの子どもたちが私の顔を見るなり声をかけてきてくれます。私も子どもたちに会ったら、一人ひとりにひと言ずつ、できるだけたくさんの子たちに話しかけます。

「○○ちゃん。おはよう。今日も元気だね」

「〇〇くん。今日もカッコいいね！」


現在、「天才キッズクラブ」の名前で運営する保育園は17園あります。

在園する子どもの数は約８５０人。

私は、できるだけ子どもたちの顔とフルネームを覚えるようにしています。

なぜかというと、子どもは自分の名前を呼んでもらうことで、「先生は僕のこと、私のことをちゃんと見てくれている」と感じるからです。

こう話すと、まるで私が名前を覚えるのに天才的な能力があるように感じるかもしれませんが、実際は逆です。

じつは、私自身は名前を覚えるのは得意ではありません。

ではどうするかというと、シンプルです。

子どもと顔を合わせるたびに、フルネームで繰り返し呼ぶこと。

そして、ほかの園にも頻繁に顔を出し、5分でも10分でも、子どもたちと触れ合う時間をつくること。

正直に言うと、17園もあるため、子どもたち一人ひとりの名前を覚えるのは大変です。

記憶力がよかった10代、20代のころならまだしも、30代、40代を過ぎたあたりから記憶力も落ちはじめ、覚えても忘れてしまうこともあるでしょう。

しかし、ある子の名前は覚えていても、別の子を覚えていないというのは、問題があります。

そこで保育園を訪問する際には、その保育園に在園する園児の名前をひとりずつ紙に書き出してもらい、それを見て名前を声に出して覚えるまで繰り返します。

ものごとを記憶する際の基本は反復です。繰り返し声に出して耳で聞くことで、子どもたちの名前を記憶しやすくなるのです。

あとは、覚えた名前を子どもたちとの会話のなかで積極的に呼ぶこと。これで確実に名前と顔が一致して覚えやすくなるのです。

◎「名前を呼ぶ＝あなたのことを見ているよ」

子どもたち一人ひとりの名前を覚えるのには理由があります。

名前というのは、子どもにとって重要なアイデンティティです。人は誰でも自分の名前に愛着があるものです。名前を呼んで話しかけてもらうことで、「**自分の存在を認め、大切にしてくれている**」**と感じるのです。**

とくに、小さな子どもにとっては、保育園はお友だちや先生たちと一緒に楽しめる場でもありますが、反面、パパやママと離れて過ごす場所でもあります。そのため、ときにはパパやママが恋しくなることもあります。そんなときに一緒に遊んでくれる先生たちが自分の名前を呼んで、話しかけてくれたら、子どもはそれだけでずいぶん安心するのです。

担任の先生が話しかけてくれるのはもちろんのこと、ほかのクラスの担任の先生や、毎日ではないけれど顔を合わせる理事長先生である私も、会うたびに「○○ちゃん」「○○くん」と声をかけてあげます。すると、子どもにとっては「あ、先生は自分のことを気にかけてくれているんだ」と嬉しく感じて、同時に「ここにいてもいいんだ」と安心するのです。

大人にとっても、子どもにとっても、名前を呼んであげることは、とても大切なことです。

また、私自身も子どもたち一人ひとりの名前を呼ぶことで、子どもたちにより関心が高まります。

「○○ちゃんっていうんだ。パパやママはどんな願いを込めて、この子の名前をつけたのかな？」と、名前をキッカケに、その子に興味関心がわいてくるのです。

そうすると、「パパやママはどんな人なのだろう」「この子は、きょうだいはいるのかな」など、もっとその子のことを知りたくなります。

そうやって子どもに興味関心がどんどんわいてくるから、またほかの子も名前を知って覚えたくなります。

これは、保育園に限ったことではありません。近所の子どもたちでも同じです。

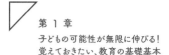

まず、相手を知るためには名前を知ること。そして名前を知ったら、その子のことを次から名前を呼んで声をかけてあげる。

もっといえば、我が子も同じです。**きょうだいがいる家庭では、長男、長女のことをいつもは「お兄ちゃん」「お姉ちゃん」と呼んでいるなら、たまには下の名前で呼んであげてください。**たったそれだけで子どもは「ママやパパは私のことを見てくれている」と感じるのです。

◎名前を呼んでも返事をしてくれない子には、どうするか？

よく保護者や知り合いの親御さんから「子どもの人見知りが激しくて、人に会っても挨拶できないのだけれど、どうしたらいいか」という話を聞きます。

保育園でも、入園したての子のなかには、朝「〇〇ちゃん、おはよう」と声をかけても挨拶をしない子もいます。そんなときはどうするか。

私は、「おはようと声をかけられたら、おはようと言おうね」ということは言いません。そのかわり、**挨拶をしない子のことはちゃんと覚えておき、会うたびにほかの子と同じように「〇〇ちゃん、おはよう」と声をかけ続けます。**

そのうちに子どもが園に慣れてきて、小さな声でも「おはよう」と言えるようになったら、そのときがチャンス！

「〇〇ちゃん、挨拶が上手だね、すごーい！　理事長先生、〇〇ちゃんがおはようって言ってくれて、とても嬉しいよ！」

と言い、少し大げさなくらいにほめてあげます。

ほめられた子どもは、少し恥ずかしそうな顔をしますが、まんざらでもない様子。

少しずつ「おはよう」という声が大きく、そして元気よくなってきて、しまいには私が言うよりも先に「理事長先生、おはよう！」と、子どものほうから声をかけてくれるまでになるのです。

とても小さなことかもしれませんが、私はその子が元気よく「おはよう」と声をかけてくれたことで、その子自身の成長を実感します。同時に「○○ちゃん、保育園での生活を楽しんでくれているんだな」と感じて、とても嬉しくなります。

◎友だちの名前を呼び、フルネームで覚えることで、記憶力がよくなる

「天才キッズクラブ」の保育園では、クラス全員が、ほかの子どもたちの名前をフルネームで覚えています。

言葉が話せるようになったばかりの1歳児や2歳児クラスの子どもたちでも、しっかりと友だちの名前を覚えています。先生たちが子どもたちの名前を一人ひとりしっ

かりと呼んであげるから、まわりにいる子たちもつられて覚えてしまうのでしょう。

この**「友だちの名前をフルネームで覚える」というのは、子どもたちにとって非常に大切なこと。**名前を覚えることによって、脳の神経回路シナプスが刺激を受け、どんどんつながりはじめます。そうすると、記憶力が飛躍的に伸びるという研究結果もあります。

記憶力が伸びると、さまざまなことに関心を持ちだして、知的好奇心が刺激されます。同時に、なんでも意欲的に取り組めるようになってきます。

その結果、気がついたら、友だちの名前や先生の名前だけじゃなく、友だちのきょうだいの名前、今日あった出来事、歌、保育園に置いてある本の名前、ひらがな、数字と、身のまわりにある、ありとあらゆる言葉を習得していくのです。

子どもの名前を覚えて呼ぶ、子どもが返事する、子どもがほかの子の名前を覚える。一見すると、日常生活の1コマのように見えますが、じつはとても奥が深いのです。

挨拶をしない人見知りの子には、どうするか？

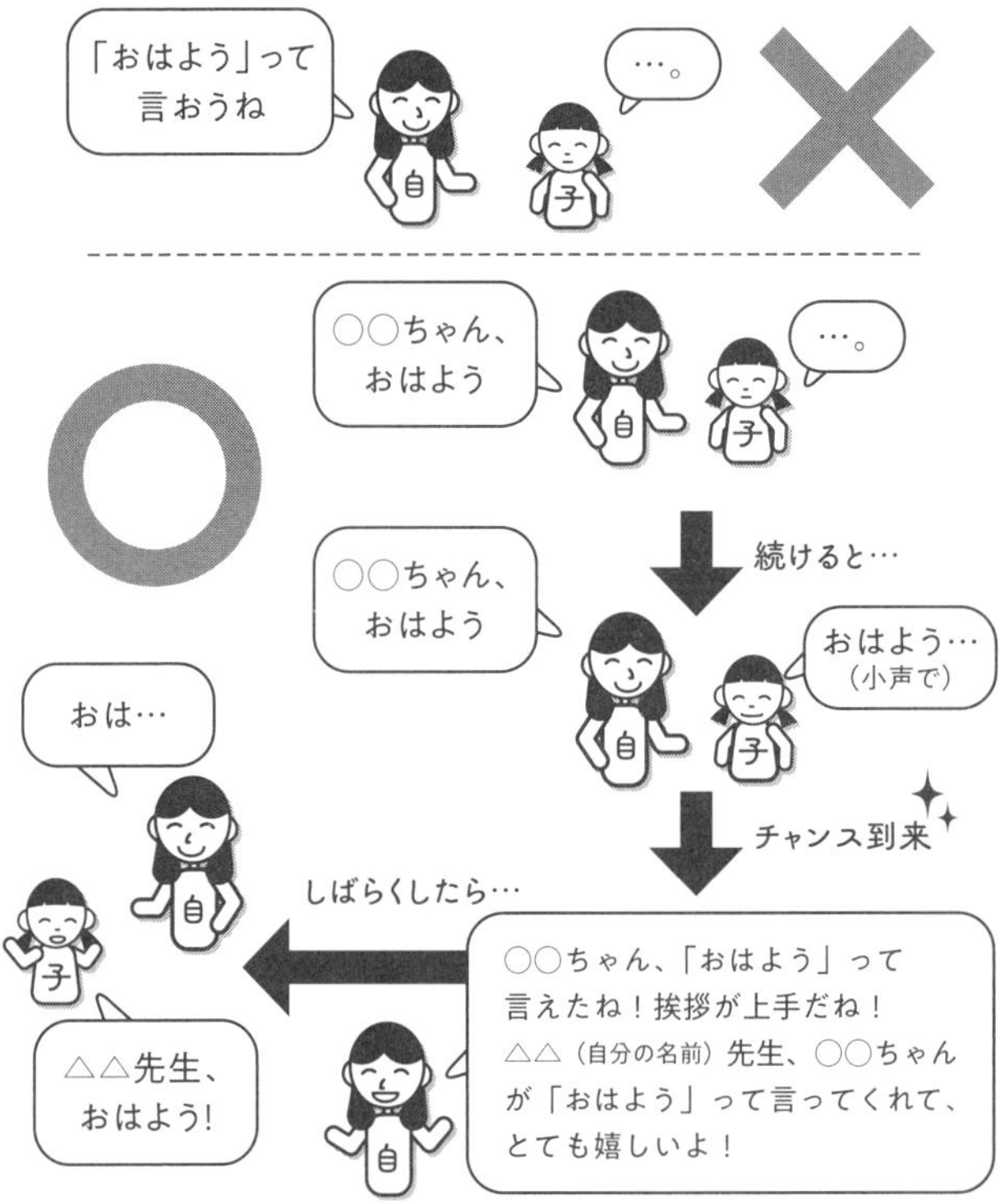

結果として…

相手より早く挨拶できる子に育ちます！

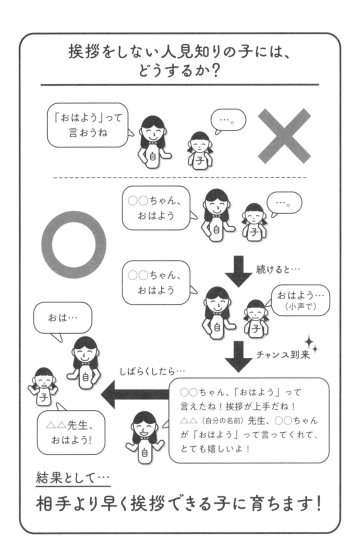

これからを生きる子どもたちに必要なのは「志教育」

これまで日本では「教育」として、先生が子どもを「教え育てる」ことを大切にしてきました。しかし、AIが発達して、インターネットなどを通して数多くの情報にアクセスできるようになったいまは、**「教える」ことよりも「共に楽しむ――共育する」こと**が大切になってきています。

◎子どもが楽しむには、親が全力で楽しむしかない

子どもたちは、私たち大人や教師が教えなくても、本来どの子も、それぞれの才能を持っています。

では、その才能はどのようにしたら花開くのでしょうか？

それは、**子どもが心から楽しいと思えることをさせてあげること**です。

子どもたちが楽しむためには、一緒に過ごす親や先生たちが心から楽しみ、成長していることが大切です。そんな大人の姿を肌で感じることが一番の人間共育（教育）だと、私は考えています。

そのなかでも大切なのは「志」を持つこと。

わかりやすくいうと、幼児版の「松下村塾《しょうかそんじゅく》」です。「松下村塾」とは、江戸時代末期に吉田松陰がはじめた私塾で、たった2年あまりの間に、明治維新の中心人物を多く輩出しています。では、なぜ「松下村塾」で国を変えるような力を持った人物が数多く育ったのかといえば、「世のため、人のために行動できるようになる」という志を持って生きていたからでしょう。

つまり、「自分さえよければいい」というのではなく、もっと広い視野でものごとを俯瞰《ふかん》して見ることができる、**世のため人のために行動できる教育、それが「志教育」です。**その志を高く持つことを教え、結果として、国を動かすリーダーを数多く輩出したのが「松下村塾」です。

◎「世のため人のために」をモットーに

最近でも、参考になる例がありました。

2020年、新型コロナウイルス感染症が全世界で猛威を振るい、アジアを中心に各国でマスクが不足しました。その際に台湾で活躍したのが、デジタル大臣こと唐鳳（オードリー・タン）氏をはじめとする、台湾のなかでも影響力を持つ人たちでした。唐鳳氏は、各店舗のマスクの在庫数をリアルタイムで把握できるアプリを開発したことで、一躍有名になりました。

さらに、このプロジェクトでは**ライバル会社同士が協力したことで、これまでマスクを輸入に頼っていた台湾が、マスクの1日当たりの生産量が世界第2位へと躍進できた**のです。

もし彼らが自分のことだけを考えていたら、このようなマスク管理アプリが開発されることはなく、ライバル企業同士が一致団結することもなかったでしょう。

これから子どもたちが大人になったとき、今回のコロナ騒動のように、誰も想定していなかったような事態に遭遇することが出てくるでしょう。

そのときに、どう動けるか。自己肯定感が低く、人から指示されるのを待っているだけでは、決して問題は解決できません。

しかし「志」を高く持った子どもたちであれば、世の中の人のために行動できます。

「志教育」とは、これから子どもたちが生きていくうえで、何をやるべきか、それを自分だけでなく人のためにやろうという意識が大切なのです。

「三つ子の魂百まで」と言いますが、小さいうちに「人のために」という気持ちが育《はぐく》まれた子どもは、これから先、たくましく生きていけるでしょう。

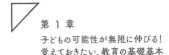

第2章

読解力、思考力、語彙力、記憶力……子どもの天才性を引き出す学習法

言葉のシャワーを浴びせて、語彙力と思考力を伸ばす

「天才キッズクラブ」には、0歳から6歳の子どもたちが元気に通っています。私が子どもたちにいつも気をかけていることは、毎日子どもたちの名前を呼んであげたり、たくさん話しかけてあげたり、歌を歌ったりすることです。

なかでも大切なことは、たくさんの言葉を聞かせてあげること。

これを「言葉のシャワー」と呼んでいます。

0歳児クラスだと、まだ話さない子も多いため、「それほど言葉は必要ないのでは?」と思う人もいるかもしれません。

しかし、**子どもたちはどんなときでも、先生や大人たちの言うことにじっと耳を傾けています。**

言葉が子どもの頭のなかにことあるごとにインプットされ、ある日、ひとつの単語を話しはじめ、そこから徐々に覚えた単語を口に出して言いはじめます。

この「言葉のシャワー」について、赤ちゃんは、おなかのなかにいるときから親の声を聞いています。泣いている赤ちゃんに話しかけるとピタリと泣き止むという経験をしたママもいるかと思いますが、まさにこれは、赤ちゃんがママかどうかを聞き分けているのです。

まだ言葉を話さない0歳児でも、きちんとママやパパの言葉を理解しています。たとえば、ママやパパが「抱っこしようね」と言ったら手足をばたつかせて喜んだり、自分から背中を持ち上げて抱っこしてもらおうとする姿勢をとることがあります。

子どもは、ママやパパなどまわりの人からの声かけによって言葉の意味を理解し、これから何が起こるのかを予測するのです。

◎伝えたい気持ちがあるからこそ、言葉を覚える

言葉を話しはじめる1歳前後になると、まず「マンマ」や「ママ」「ブーブー」など、自分の気持ちを言葉で表そうとしてきます。

「マンマ」では何かを食べたい、「ママ」ではママに何かをしてほしい、「ブーブー」は自分の好きな車を見つけたことを言葉に出して言いたい欲求です。つまり、何かをしたいと思ったとき、子どもはそれを言葉によって伝えるようになります。

最初は、「パッパッパ」「ブーブー」などの擬態語からはじまり、次に「ママ」「パパ」「電車」など意味のある言葉を言うようになります。

さらに言葉を覚えはじめると「ワンワン、あった」「パパ、いや」など、2語以上の言葉を組み合わせて、どんどん自分の意思表示をしはじめます。

このとき子どもの頭のなかで何が起こっているのかというと、**いままで脳のなかにたくさんインプットしてきた語彙を使って、自分の気持ちを表現しようとしているの**の

です。

もし仮に言葉を知らなかったら、子どもは自分の考えたことを表現できずに終わってしまいます。もしくは、伝えたいという強い気持ちがあれば、言葉以外の表現方法を使って気持ちを表そうとします。

たとえば、まだ言葉がうまく話せない子どもだと、かんしゃくを起こしたり、泣いたり、ときには友だちのことを噛んでしまうこともあります。

これは「いま自分は不快な気持ちでいっぱいなんだ」ということを表現したいけれど、どうしたらいいかわからなくて泣く、大きな声を出す、噛むなどの行為で代弁しようとしているのです。

こんなときは「○○したかったのに、できなくて嫌だったね」と、子どもの気持ちを言葉で置き換えてあげると「気持ちをわかってくれた」と感じて、いくぶんか落ち着くこともあります。

逆にいえば、このとき自分の気持ちを言葉で表現できる子は、泣いたり、怒ったり、噛んだりすることが少なくなっていきます。

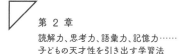

「自分はこれをされて嫌だった。こんなに悲しい気持ちになった。だからもうやらないでほしい」と、気持ちをはっきりと言葉で伝えるのです。

言葉に出すことによって、子ども自身もイライラした気持ちが整理され、落ち着きます。「この気持ちをわかってほしい」ということを伝えるとき、言葉で言えるか言えないかで、その後の子どもの情緒も大きく変わってきます。

◎語彙力が高い子は、なぜ思考力が伸びるのか

ところで、言葉と脳について、どのような関係があるか知っていますか？

第1章でも述べましたが、人間の脳が一番発達するのが0歳から6歳までの間。この間に脳の約80％が完成すると言われています。さらに9歳までに90％が完成し、その後20歳くらいまでかけて、ゆるやかに完成していきます。

どんなふうに脳が刺激を受けるのかというと、「聞く」「触れる」「見る」「味わう」「ニオイをかぐ」という5つの経路から刺激を受けることで、脳はどんどん発達していきます。

かんしゃくを起こしたり、泣いたりしたとき

○○したかったのに、できなくて嫌だったね
気持ちをわかってくれた
親
子

子どもの気持ちは落ち着く！

0歳から6歳の間に、たくさんの言葉のシャワーを浴びせることで、子どもはおかれた状況や大人の反応から言葉の意味を推測し、理解し、そして使えるようになります。この時期にたくさんの言葉をインプットすることで、脳に刺激がいき、自然に語彙力が伸びるのです。

語彙力が伸びると、自分で考え、理解し、判断する力がつきます。同時に知的好奇心も伸びます。

そのため語彙力が伸びると同時に、もののごとをより深く考えられるようになり、その結果として思考力が伸びるのです。

ことわざ、四文字熟語、英単語……遊びながらやるとスラスラ記憶できる

「子どもの語彙力を伸ばしたいけど、どんなことをしたらいいかわからない」という声をよく聞きます。

おすすめは、漢字やことわざ、四文字熟語、英単語を使ったカード遊び。

保育園で遊ぶときは、フラッシュカードとして使ったり、カードを並べてカルタ遊びとして使っています。**具体的によく使うのは『KUMON』の幼児向けのカードシリーズ**（参照：https://www.kumonshuppan.com/card/）です。

ひらがな、カタカナ、漢字、ことわざ、四文字熟語、英単語など、いろいろあり、子どもの年齢や習熟度に合わせて遊べます。

たとえば、「犬も歩けば」と先生が読めば、子どもたちが「棒に当たる」と答え、先生と子どもたちの掛け合いをすることもあります。

音を聞き、目で見てイメージをとらえ、自分の口でも直接言えるようにする。これを繰り返すことで、子どもたちの脳にしっかりと言葉が記憶されるのです。

同時に言葉の意味も覚えるため、子どもたち自身がおもしろがって、どんどん覚えたがります。

ほかにも、同じカードを使って床の上に1枚ずつ並べて、カルタ遊びをすることもあります。その場合、先生が読み上げ、子どもたちが「はい！」と取っていくわけですが、子どもたち取るのがかなり速い！　大人が本気になっても負けてしまうくらいに、子どもたちはメキメキと成長していきます。

◎楽しく遊んでいるときこそ脳は活発になる

「天才キッズクラブ」では、このカルタ遊びを、朝の会、帰りの会、給食を食べる前など、ちょっとした隙間時間を使ってやっています。

ひとつのカードで2~3回繰り返してやったり、カードを変えて最低3種類くらいやることとも。

こう言うと「そんな幼い子どもに四文字熟語や英語なんて教えて大丈夫なの?」と思う人がいるかもしれませんが、子どもたちはこのカルタ遊びが大好きなのです。

大人からすると「カルタ=学習」というイメージがあるかもしれませんが、子どもからすると毎日の遊びの一環です。

子どもが楽しく遊んでいるとき、脳はとても活発になります。

楽しいことを考えているとき、脳の扁桃体はワーキングメモリーに情報伝達物質を送ります。これによって脳の海馬が活発化し、遊びを通して得た情報をどんどん脳のなかにインプットしていくのです。

さらに、一度覚えた言葉を繰り返し口に出して言うと、記憶に定着していきます。

そうなったらもう何もしなくても、子どもたちの口から勝手にスラスラと言葉が出てくるようになります。

言葉の意味がわかってくると、日常生活のなかでも積極的に使えるようになってきます。

ここまできたら、しっかりと言葉とその意味が子どもの頭のなかに定着したと言えます。**たくさん遊んで、いろいろな語彙を覚えて、そして使えるようになる。**それがこのカルタで遊ぶ一番の目的です。

◎日本語・英語の逆読み、2桁の計算に挑戦

この「カルタ遊び」には、四文字熟語などのほかに、英単語も入れていますが、読み方はちょっと変わっています。

たとえば、カルタに「救急車」という漢字が書いてあった場合――。

普通は、先生が「きゅうきゅうしゃ」と言ったら、その漢字カルタを取りますが、途中で意図的に「ambulance」と英単語に変えることもあります。

さらに日本語の逆読み（しゃうきゅうきゅ）や、英語の逆読み（アンビュランス↓スンラビュンア）という具合に、文字を逆から読むこともあり、子どもたちは大はしゃぎ。

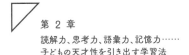

また、カードに書かれた数字を使って、2桁の足し算や引き算などをすることもあります。

「50＋20＋20」「200－50－37」「70＋30＋20」……など、子どもたちは2〜3桁の数字になっても全部暗算で計算し、すぐに「はい！」とカルタを取ってしまうのです。


たった一種類のカードでも、工夫次第でいろいろな遊び方ができます。

対戦相手も、子ども対子ども、子どもと大人ミックス、大人対子どもなど、さまざまな組み合わせをして遊ぶと、より一層カルタ遊びは大盛り上がり。

保育園でこのフラッシュカードやカルタ遊びにハマった子は、自宅でも同じものを買ってもらって家族でやっている子もいるほど人気の遊びです。家庭で1セット、好きなものを用意して、家族みんなでやるのも楽しいでしょう。

語彙力を伸ばす方法

子どもが
楽しく遊んでいるとき、
脳は活発になる
→ インプット力UP!!

つまり…

**たくさん遊べば、
いろいろな語彙を覚えられる!**

How? ↓

漢字やことわざなどを
カード遊びで覚えよう

例)『KUMON』の幼児向けのカードシリーズ

カルタ 犬も歩けば → 子「棒に当たる!」

カルタ 救急車 → 子「ambulance!」

カルタ 救急車 → 子「しゃうきゅうきゅ!」「スンラビュンア!」(アンビュランス)

ひとつのカードで
いろいろな
楽しみ方ができる!

苦手な子にはこっそりとハンデをあげて、得意な子には難易度を上げる

朝、登園してから、ランチ前、帰りの挨拶をするときなど、5分くらいのスキマ時間があると、子どもたちはフラッシュカードやカルタ遊びをしたがります。具体的な遊び方は、前項でお話ししたので、ここでは楽しく効果的に遊ぶときに気をつけておきたいポイントについてお話しします。

◎大人があえてふざけて、子どもをリラックスさせる

カード遊びをするときに大切にしていることは、**まずは一緒に遊ぶ先生自身が楽し**

むこと。先生が「子どもたちに言葉を覚えさせなきゃ……」と思いつめてやってしまうと、つい力が入りすぎてしまいます。

たとえば、次々と子どもにフラッシュカードを見せていき、カードを見せ終わったら今度はすぐに子どもにどれだけ覚えているかを確認する。子どもとしては、せっかく先生と一緒に楽しくカード遊びをしようと思ったのに、いつもより強めの声と表情で「これは何て読むの？」なんて言われたら、緊張してしまいますよね。

こんなときは、あえて「ふざけるところ」を入れてあげるといいでしょう。

たとえば、動物の絵のついたカードを使ったフラッシュカードをする場合、「犬、猫、たぬき、馬」と順番にカードを見せていき、突然「馬を飼っている人は手を挙げて！」と言ってみる。そうすると何人かの子が勢いで手を挙げます。

手を挙げてから「あー間違えた（笑）」と言って笑っていますが、そこにさらにどんどん質問していく。「すごいね！　馬を飼っているんだ。何頭飼っているの？　今度、理事長先生もおうちに遊びに行っちゃおうかな～」などと言うと、まわりで聞いてクスクス笑っていた子たちが大爆笑！

フラッシュカードもカルタ遊びも、つい「正しい答えを言わなきゃ」「取らなきゃ」と知らないうちに身構えてしまうことがあります。

そんなときは、あえてみんなが笑えるようなことを入れてあげる。笑って楽しい気持ちになるから、フラッシュカードが好きになる。間違えても楽しくできる。楽しいからまたやりたくなる。

子どもはカルタが大好きだから、何回も遊びたがるのです。漢字カード、ことわざカード、四字熟語カード、好きなカードを勝手に自由時間に持ってきて、めくって覚えていってしまう。そこで自分で学ぶという習慣がついていくのです。

◎カルタ遊びが苦手な子が、楽しく遊ぶには?

保育園でカルタ遊びをしていると、すぐに取るカルタ名人がいる一方で、なかなかカルタを見つけられない、やっと見つけたと思っても、直前にほかの子に取られてしまう、という子もいます。

いつも同じ子ばかりがたくさん取れて、自分が1枚も取れないということが続いたら、「カルタ遊びは楽しくない」となってしまいます。

こんなときは、ちょっとハンデをつけてあげます。といっても、こっそりと。

ある男の子（A君）は、保育園でみんなと一緒にカルタ遊びをしているとき、まさにそんな感じでした。最初は楽しく参加していても、何回やっても自分は取れない。まわりの子どもたちはみんな1枚、2枚と取っていく。

それを見ているうちに、やる気が下がってきてしまったのか、前のめりに座っていた姿勢がだんだん崩れてきて、カルタとは違うところを見るなど、集中力まで途切れてしまっているようでした。

そこで私は、あえてA君のそばにあり、彼が見ている視線の先にあるカルタを読み上げてみました。たまたま自分の視界に入っていたカルタが読み上げられたことで、彼の目つきはさっと変わり、「はい！」とカルタを取りました。とても素早かったので、今度は誰にも邪魔されずに――。

たった1枚のカルタですが、やっと取れてA君の顔はとても誇らしげ。

そこで、もう少し自信をつけさせるために、また彼の視線の先にあるカルタを読み上げました。そこでもう1枚ゲット。これまでどんなにがんばっても取れなかったカルタが2枚も取れたことに対して、彼は本当に嬉しそうでした。

逆に、カルタ取り名人のB君は、2枚も続けて取られてくやしそう。でも、反面、「気合を入れて取るぞ！」という感じで、より一層闘志を燃やしているようでした。

こうなると、ほかの子どもたちも「僕も」「私も」と気合を入れはじめ、結果的にいつも以上に盛り上がったカルタ遊びができました。

このように、カルタがまったく取れない子がいたら、その子の目線の先にあるカルタをたくさん読んであげる。それによって、苦手な子は自分の視線の先にカードがあるから見つけやすくなります。1枚でも取れたらすごく嬉しい気分になるでしょう。それが自信につながるのです。

逆に、カルタ取りに強い子は、あえてその子が見ているところと違うところのカードを読むことで、いつもよりもカードを取る難易度が上がります。

これまでは順調に取れていたけど、ちょっと難しくなる。そこでその子自身が「あ、いつもみたいに取れないな。がんばって集中しよう」となるのです。

カルタ遊びひとつとっても、子どもへの接し方や声のかけ方で、子どもに自信を持たせ、集中力を上げることができるのです。

読解力が大幅にアップ！子どもの好奇心と読む力を育てる読書習慣

「天才キッズクラブ」に通っている子どもたちは、本を読むのが大好き。

毎日たくさんの子どもたちが、自分の好きな絵本を本棚から持ってきて、楽しそうにページをめくって読んでいます。

１冊読むと、読んだ本の名前をＡ６サイズのノートに書き、先生にも確認のサインを入れてもらいます。

こう話すと、ほかの園や小学校に通っている子どもを持つママたちから「うちの子にも本を読ませたいのですが、ちっとも読んでくれません」という話を聞きます。

考えてみてほしいのですが、家に子どもが読みたくなる本はどれくらいあるでしょうか。または図書館に通って、普段からパパやママが読書をするか、ということです。

家に本がなくて、図書館に通う習慣がなくて、パパやママがスマホばかり見ていて、自宅で本を読んでいる習慣がなかったら……。

子どもが本を読もうにも、本に触れる機会すらありません。

こんなときは、まずは大人がスマホを見るのをやめて、みんなで読書タイムを設けましょう。 家に絵本がなければ、子どもと一緒に本屋さんに行って探してみる。図書館、または通っている保育園で絵本の貸し出しがあれば借りてみる。そこからがスタートです。

「天才キッズクラブ」では、なぜそんなに子どもたちが絵本を読むかといえば、フラッシュカードやカルタ遊びなどを通して常に「文字」と触れているからです。

また、絵本もそれぞれの年齢にあった絵本を数百冊そろえています。子どもたちはその絵本のなかから好きなものを持ってきて、読みはじめるのです。

ある2歳の女の子は「天才キッズクラブ」に入園して約半年くらいしたら、自宅に帰ってからもひとりで絵本を広げて読むようになったそうです。パパがびっくりして教えてくれました。

子どもからしたら、まわりのお友だちがみんな絵本を楽しそうに見ているから、自分も見たくなった、読んでみたらおもしろかったから、自宅にある本も読んでみたくなった、という流れなのでしょう。

ここで大切なことは、ただ単に子どもひとりに読ませるのではなく、横でサポートしてあげる大人が必要だということ。

たとえば、ひらがなを一文字ずつ読めるようになった子が絵本を開いたとき、読める字がある反面、読めない字もあります。

そんなとき、そばに大人がいてあげて「これは〝め〟で、こっちは〝ぬ〟だね。どこが違うかな?」と、読み方を教えながら、さりげなく2つの文字の違いに注目するように声をかけてあげる。

このとき、文字が読めないと本を閉じてしまう子もいますが、となりでサポートしてあげる大人がいれば、子どもはまた絵本の続きを読みはじめます。

◎5歳を過ぎたあたりから「黙読」もさせてみる

絵本を読むときのポイントとしては、**まず0歳から2歳くらいの子は、パパやママが読み聞かせ**をします。

2歳半前後を目安に、子どもが文字に興味を持ち、読めるようになってきたら、文字が少ない絵本を選び、子ども自身に読ませてみましょう。

その際、1文字ずつ指さしながら声を出して読むと、ひらがなとその音がしっかりと脳にインプットされ、読める文字が増えていきます。声を出しながら文字を読むことで、しっかりと記憶にも定着します。

3歳、4歳の子どもには、それぞれの興味や文字の理解力に合わせて、おすすめの絵本を何冊か用意してあげましょう。

このころは、絵本をひとりで読めるようになる子もいますが、ひとりで読めるようになっても大人が絵本を読んであげることも大切。

子どもは絵本を読んでもらうことにより、より絵本の世界に没頭することができ、想像力を広げることができるのです。

５歳を過ぎたあたりから、子どもに、声を出さずに絵本を読む「黙読」をすすめてみるのもいいでしょう。

文字がスラスラ読めるようになると、より絵本の物語や登場人物の気持ちに寄り添うことができるようになったり、驚いたり、ワクワクしたりといった、感情が大きく動く体験を積むことができるのです。

それによって、想像力が膨らみ、同時に知的好奇心も刺激され、語彙力が大きく伸びていくのです。

◎子どものころに身についた読書習慣は一生続く

未就学児のうちに読書の習慣がつくと、小学校に入学してからもたくさんの本を読むようになります。最初は絵本から入り、児童書、ジュニア文庫と広がっていきます。

本は物語が好きな子もいれば、図鑑を眺めるのが好きな子もいます。

物語を読んだときは、本のなかに出てくる登場人物になりきって、それぞれの視点から見てみたり、親子で話し合いながら物語の続きをつくる遊びをするのもいいでしょう。図鑑であれば、本に載っていた花や生き物を探しに、公園や水族館、博物館に出かけることで、知識を体験につなげていくことができます。

「天才キッズクラブ」の各部屋にある絵本コーナーには、たくさんの絵本が並んでいますが、本棚のなかから「この絵本を描いた人は、こんなのも描いているんだね」と、同じ作者の絵本を見つけてきて読む子もいます。

そうやって、好きな本の作者が、ほかにどんな絵本を書いているのかを探すのも楽しいものです。

たとえば、ロングセラー絵本『からすのパンやさん』の作者・かこさとしさんは、同シリーズのほかにも『だるまちゃん』シリーズ、『むしばミュータンスのぼうけん』『たべもののたび』など、科学的な本もあります。

「うちの子、歯磨きを嫌がって、きちんと磨けないんです」と言っていた家庭が、『むしばミュータンスのぼうけん』の絵本を読んであげたら「バイ菌をやっつけるために自分から歯磨きをする」と言い出すことも。

ママからしたら、１００回「歯を磨きなさい」と言うより、たった1回絵本を読めばいいから、とても楽ですよね。絵本を読むことによって、普段目には見えない口のなかや体のなかのことを具体的に想像することができるようになるのです。

1冊の絵本を通して、物語を味わったり、歯磨きと虫歯の関係や、食べたものがどのように体の栄養になっていくかなど、子どもの実生活に即した学びにもつなげていくことができるのです。

絵本は1回読んで終わりではありません。

お気に入りの絵本を何回も何回も繰り返し読むことで、物語の世界を存分に味わうことができ、言葉を習得すると同時に、いろんな表現を身につけることができます。

一度身についた読書習慣は、小学校、中学校、高校と学年が上がっても続いていきます。高校を卒業するまでには相当な語彙力が身につきます。

同時に、言葉をしっかりと理解し、人の気持ちを想像したり、相手にも自分の気持ちや考えを適切に表現できるようになるため、人とのコミュニケーションも得意になるのです。

卒園までに２０００冊以上読破！子どもの自信を育てる読書ノート

「天才キッズクラブ」では、0歳児から5歳児クラスまで、各部屋にたくさんの絵本や児童書が置いてあります。子どもたちはその本を夢中になって読みます。

平均して、ひとり年間に３００〜４００冊を読みます。なかでもすごい子は、３歳児クラスのときに１０００冊読んだ子もいました。

ある女の子は絵本が大好きで、毎日いろいろな絵本を持ってきては、自分で開いて声に出して読んでいました。

こういう本好きな子は、ひらがな、カタカナ、漢字もスラスラと読めるようになり、同時に読解力も伸びます。

ほかにも、ある子は卒園までに2000冊を読み終わっていました。

◎ノートに「読んだ本のタイトル」と「読んだ日付」を入れて、積み上げていく

「先生、この本を読み終わったからノートに書いて」

ある男の子が先生に渡したA6サイズのノートには、日付とさまざまな本のタイトルなどの文字とともに、4桁の数字が書かれています。

このノートは、これまでに読み終わった本のタイトルを記録していく「**読書ノート**」と呼ばれるものです。

ノートの端に書かれた数字を見ると「1052」。

この男の子は4歳児クラスの子ですが、4歳ですでに1052冊もの絵本を読んだという記録です。

1冊読み終えるごとに、先生が読書ノートにチェックを入れてあげます。**子どもたちは本を読むこと自体も嬉しいのですが、ノートに記録するのも大好き。最初はたっ**

た1冊からはじまった絵本の記録が、回を重ねるごとに、5冊、10冊、100冊と増えていくのですから。

このノートを見ていると、自分がこれまでにどんなにたくさんの本を読んできたのかがとてもよくわかります。

ノートに本のタイトルと本を読んだ日付を入れると、その子はどんどん本好きになり、自信にもつながっていきます。

「絵本とはいえ、4歳の子が1000冊以上もの本を読んだのは驚きだ」と言われることもありますが、ここでは園児たち全員が当たり前のように本を読む習慣ができているので、特別なことだとは思いません。

同じ絵本を何度も繰り返して読む子もいれば、新しい本に挑戦する子もいます。繰り返し読めば、それだけ物語の世界を深く味わうことができ、また語彙もしっかりと記憶に定着します。新しい本を読めば、本を通してその子の知識はどんどん広がっていきます。

読む習慣ができる「読書ノート」

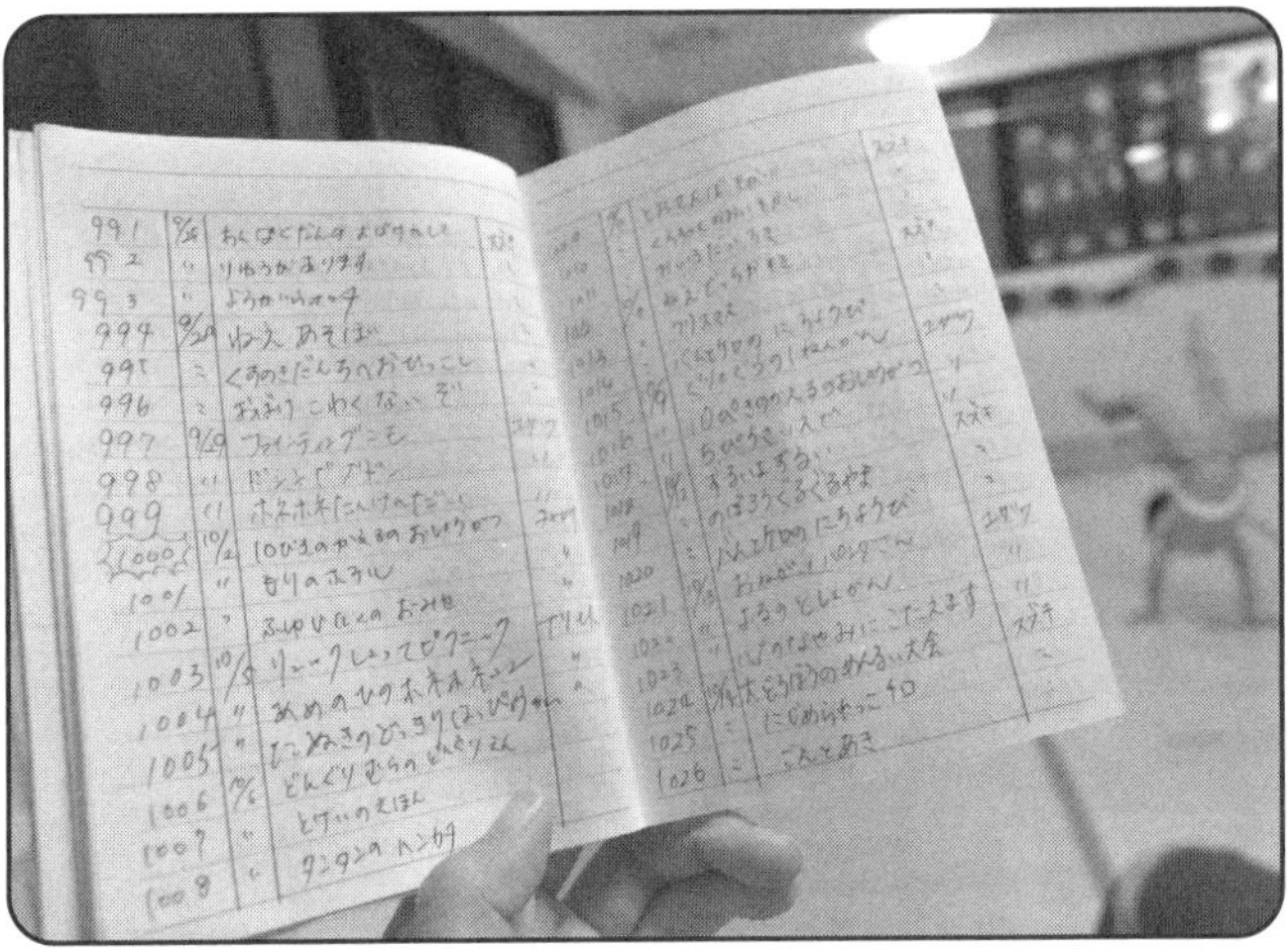

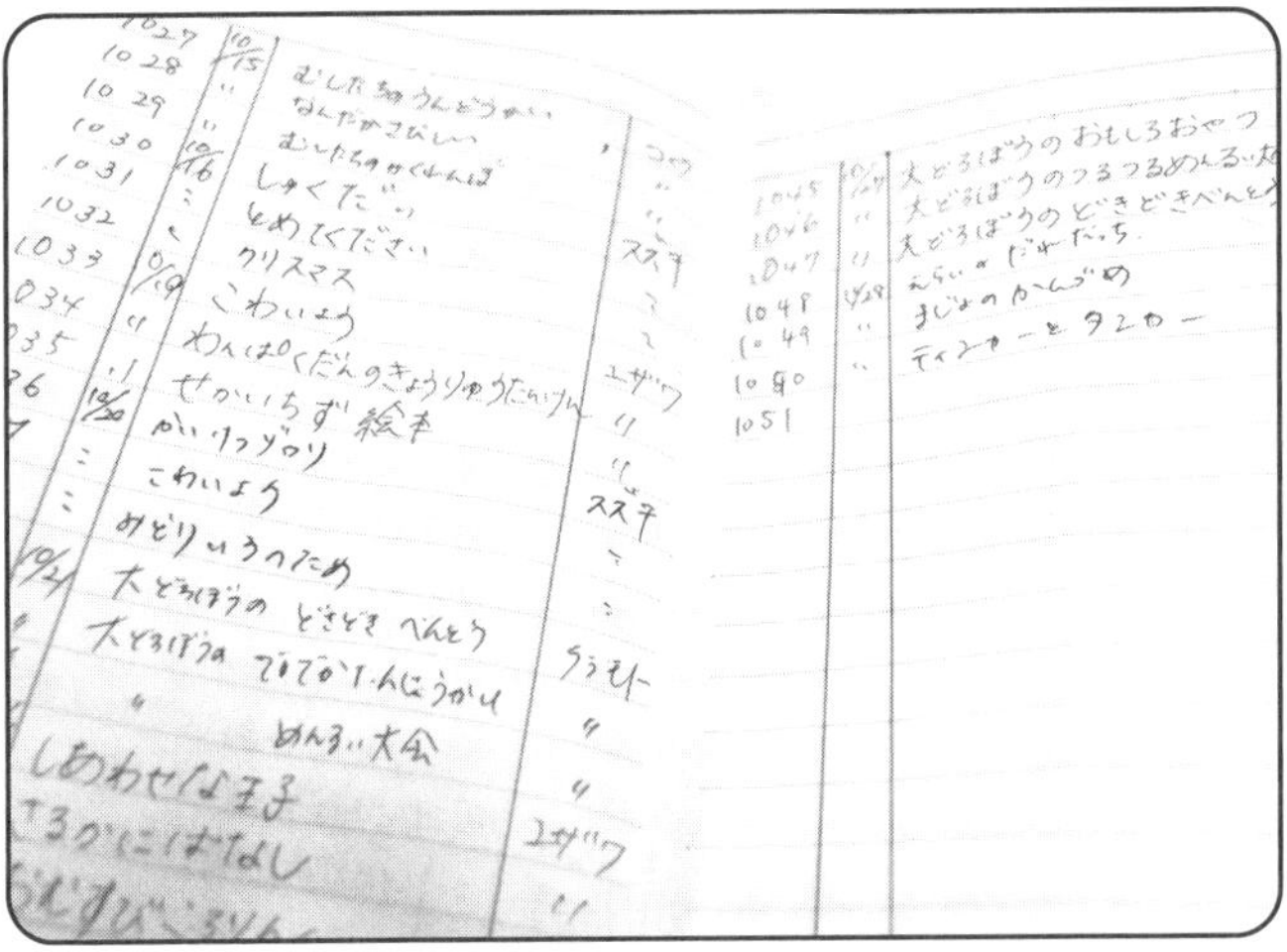

◎わからない言葉に出会ったときは、国語辞典が大活躍

本を読んでいて、わからない言葉が出てくることがあります。

そんなときはどうするかといえば、国語辞典を引きます。

「え！　保育園に通っているような小さな子が国語辞典を引くの？　漢字で書いてあったら読めないんじゃないの？」と思うかもしれませんが、大丈夫。**子どもからしたら、この「わからない言葉を国語辞典で引く」という行為そのものがワクワクするのです。**

子どもというのは「ちょっと難しいことに挑戦したくなる」ものです。

調べたところには付箋《ふせん》を貼っていきます。漢字も、漢字カルタや絵本などを通して普段からたくさんふれているため、読める字もたくさんあります。

辞書を引くと、わからなかった言葉の意味がわかるようになります。それだけでも楽しいのに、調べたところにはカラフルな付箋がいっぱい増えていく。この付箋もゲーム感覚でできるので楽しみのひとつだったりするわけです。

具体的なやり方としては、

① わからない言葉を辞書で調べる

② 調べた言葉を付箋に書く

③ 付箋を辞書に貼る

この繰り返しです。

これだけで、子どもたちは言葉について調べるのが楽しくなるのです。

ほかにも、辞書を引く習慣がつくと、ちょっとした疑問でもすぐに調べる癖がつきます。疑問があったら調べる、解決するというサイクルができて、問題発見能力と解決能力が同時に高まります。

また、調べてわかった言葉の意味を友だち同士で教え合う子もいて、知識を人に伝える、教え合うという能力も自然と身についてくるのです。

「読書ノート」も「国語辞典への付箋」も、大事なことは子どもたちが自分の学びを記録として残しておけること。「たくさん本を読んだ」「あんな言葉もこんな言葉も知っている」という経験の積み重ねが、子どもたちの自信につながっていくのです。

第3章

逆立ち歩き、マラソン……子どもの身体能力を劇的に伸ばす運動法

運動が苦手な子が、逆立ち歩き40メートル！

毎日子どもたちと一緒に活動していると、子どもの成長を間近で見ることができます。そのため、どれだけ成長したかを実感する機会もたくさんあります。

そのひとつが、年に一度おこなわれる合同運動会です。

「天才キッズクラブ」は現在17園ありますが、その園児や保護者が一堂に集まり、大運動会をおこなうのです。

運動会は毎年いろいろな出来事があり、どれも本当に思い出深いものばかりですが、そのなかでも印象に残っている出来事がありました。

それはC君という男の子のことです。当時、まだ「天才キッズクラブ」が8園だったころの話です。

◎目標は、合同運動会で逆立ち歩き40メートル

C君はいままで卒園した子どもたちのなかでも、まったく集団行動が取れない子でした。そのため正直にいって私は「**この子は、逆立ち歩きができないかもなあ**」と思っていました。

というのも、みんなが逆立ち歩きの練習をしていても、なかなか参加しないからです。参加しないどころか、どこか別の場所に行ってしまう。

ほかの子どもたちがC君のことを誘って少しずつ練習に参加するようになったものの、逆立ちして歩けるようにならない。

ちょっと体格が大きかったこともあり、両腕だけで体を支えるのが大変だったこともあるでしょう。

ただ、その子は「C君」とみんなの前で名前を呼んであげると、とても誇らしげな表情をする子でした。

そのときばかりは、特別扱い。

子どもたちが見ているなかで「C君、登場！」と注目してあげると、本人はすごく嬉しそうに登場してくるのです。

そうやって特別扱いをしてあげると、徐々に練習をしてくれるようになり、毎日、夕方20分、30分、汗水垂らしながら自分から練習するようになりました。

はじめは1歩手を前に出せるようになった、でもなかなか次の1歩が出せない。手を先につこうと思ったら体全体をもう片方の腕一本で支えることになります。

なかなか2歩目、3歩目がつけない……それでもがんばって1歩、また1歩と進めるようになってきました。

運動会本番での目標は40メートルです。

10メートル歩けるようになった！　次は20メートル歩けるようにがんばろう。それができたら30メートル。徐々に目標を伸ばしていきました。

そして迎えた運動会当日。子どもたちも先生たちも、C君が40メートル歩けるのか、かなり気をもみながら見守っていました。


一斉にスタート。

逆立ち歩きが得意な子はどんどん進んでいく。みんなが見ている。緊張するなか、C君は少しずつ進んでいく。

あと30メートル、20メートル、10メートル、5メートル……目標達成！

彼が無事にゴールまで到着したときは、同じクラスの子どもたちも大喜び！　真剣な表情で見つめていた先生たちは号泣。私も、いま思い出しても泣けてくるくらいです。

◎「1回できると楽しい、楽しいから繰り返す」で目標達成

もっとも喜んだのは、C君自身でしょう。

逆立ちは得意じゃないし、逆立ちしたまま歩くことはさらに難しい。まわりの子はどんどん歩けるようになっていく。**まわりの子と比較して「自分はできないからいやだ」と思った日もあったと思います。**

でも、まわりの子が楽しそうにやっているから、自分もできるようになりたい。少しずつ歩けるようになったとき、みんなが自分のまわりに集まり、大きな声で名前を呼んでくれたり、「がんばって」と声をかけてくれたりした。そのことが大きな励みになり、「よし、やってみよう」と思えた。ほんの少しだけど昨日よりもうまくできた気がする。少しずつできるようになってくると、楽しい。楽しいからまた挑戦する——。この繰り返しです。

もし、誰もその子のことを応援しないでいたら、もしかしたら彼は途中で逆立ち歩きの練習をやめてしまっていたかもしれません。

でも、みんなが応援してくれたから、がんばれた。

みんなの応援から勇気をもらい、挑戦してみようと思えた。

途中でつらいことがあっても投げ出さずがんばったから、できたときの嬉しさもひとしおでしょう。

この出来事は、彼にとってすごく大きな経験だったと思います。

「やればできるんだ」ということを実感し、それが自信になる。さらに、あきらめない心もつく。自分が応援してもらったから、今度は誰かを応援しようという気持ちになる……。

保育園で子どもたちとかかわっていると、毎日、こういった心を揺さぶられるような体験を何度もします。

私は、日々子どもたちのがんばる姿を見て「あきらめない心」がいかに大切かを学んでいます。途中で投げ出したり、あきらめたりしなければ、必ずできるようになる。そんなことを子どもたちから学んでいるのです。

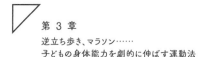

届かなかった目標にチャレンジする心を育む方法

子どもたちは運動が大好きです。マット運動、逆立ち歩き、マラソン……毎日いろいろな遊びをみんなで楽しくやっています。

ただし、運動自体は好きだけれども、やることによっては得意・不得意な科目が出てきます。たとえば、マラソンが速い子がいれば遅い子もいます。跳び箱が跳べる子もいれば、なかなか跳べない子もいます。ブリッジが得意な子がいれば、そうでない子もいます。

子どもたちは、クラスのなかで一番できる子に注目します。

できる子を目指してまわりのみんながががんばる。それによって、ほかの子どもたちも「よし、自分もがんばって、できるようになろう！」となります。

それはとても大事なことですが、もうひとつ大事なことは、**他人と比べるのではなく「過去の自分」と比べる**ことです。

「過去の自分？　未就学児の子どもにそんなことができるの？」と思うかもしれませんが、大丈夫です。

自分自身だけじゃなく、みんなが一緒に練習していることで、ほかの子もまわりの子の成長を知らないうちに見ているからです。

◎友だちの応援の力を受けられる環境を用意する

ある日の夕方、みんなで跳び箱の練習をしていました。

ある子はすでに7段が跳べるまでになっていました。その一方で、D君という男の子は、なかなか跳び箱が跳べない。

跳び箱の高さは、跳べる子はどんどん高いものに挑戦していき、その一方で、まだ高い段が跳べない子のために低い段のものを用意して、その子たち専用の練習場所をつくっています。

こうして跳び箱の段を分けることで、子どもたちは、それぞれ自分のレベルに合った練習ができます。


ちょうど夕方のお迎えの時間だったこともあり、D君のお母さんが保育園に迎えに来ました。お母さんの顔を見たD君は一瞬、嬉しそうな顔をして、その次の瞬間、ちょっと気合の入った真剣な顔になりました。

D君は、あまり跳び箱が得意じゃなく、それでもなんとか5段を跳べるようになろうと、何回も繰り返し練習をしていたのです。

そんなとき、偶然お母さんがやってきたのを見て「お母さんに僕のかっこいいところを見てほしい」と思ったのでしょう。

それを見たとき、私は「よし、ここでD君に注目させよう」と思い、

「はい、じゃあみんな、D君のまわりに集まって、応援してあげて〜！」

と伝えました。

まわりに友だちがたくさん集まってきてくれて、自分のことを応援してくれている。お母さんがそばで心配そうな顔をして見ている。

それを見たD君の表情は、より一層真剣さが増し、ひとりで練習していたときよりも気合が入ります。さらに集中力も増します。

「よし、絶対に跳ぶぞ！」

そんな気持ちがひしひしと伝わってきました。

いつもだったら跳び箱の直前に来ると「怖い」と思ってちょっと足がすくんでしまうD君も、そのときはみんなの声援を受けて「よし、跳ぼう！」という気持ちになっていました。

◎助走をつけて、跳び箱に手をついたら……跳べた！

ちょっとお尻がひっかかってしまいましたが、それはご愛敬。

D君は、初めて自力で跳べたのです。それも大好きなお母さんの前で。

跳び箱を跳べたD君は、すごく満足そうな顔をして、お母さんのほうをチラッと見ていました。

お母さんも、それまでD君が、跳び箱が苦手でがんばっていることを知っていたから、本当に嬉しそうな顔をしてD君のことを見つめていました。

跳べた本人は大喜びですが、まわりで真剣に見つめていた子どもたちも、みんなで「おめでとう」の大合唱。先生たちも大喜び。

もしもD君がひとりでがんばっていて、何回かやるうちにたまたま跳べたら、そこまで喜ぶことはなかったかもしれません。

しかし、その日跳んだとき、彼のまわりにはたくさんの応援団がいた。

同じクラスの子どもたちも、毎日一緒に練習しているから、D君ががんばっているのを知っていた。だからこそ、**「跳べなかった過去のD君」と比べて「跳べるようになったいまのD君」を見て、一緒に成長を喜べた**のです。

一番できる子に焦点を当てて応援することで、あこがれが生まれることも必要です。

反面、この日のように「できない子」に焦点を当ててあげることも大切です。

人それぞれできること、能力には差があります。

能力の高い子だけを評価するのではなく、「過去の自分」と比べて、できるようになったことをみんなでほめて、応援してあげる。たったそれだけで、子どもは自信をつけて、次のことに挑戦する勇気が生まれるのです。

◎先生の役割は「教えること」ではなく「見守ってサポートすること」

このとき先生たちはどうしているかというと、そばについて見守っていました。

先生たちは「やらせない、教えない、無理強いしない」ということで、「こうしなさい」「ああしなさい」ということは言いません。

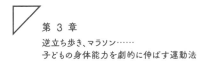

みんなが楽しくやっているから、見ている子どもたちもやりたくなる。見ている先生は横でほめてあげるし、できなくてもチャレンジした精神をほめてあげる。「ナイスチャレンジ」という掛け声をたくさんかけてあげる。

そうやって子どもは2段、3段、4段と、跳べなかった跳び箱を少しずつ跳べるようになってきているのです。

その「小さな成功体験の積み重ね」があるからこそ、子どもはさらに高い段にチャレンジしようと思えるのです。だから、誰もチャレンジすることに躊躇《ためら》わないのです。

そのメンタルがとても大切です。

「なんでもやればできる」ということを毎日体験していく。

その体験から学んでいく。

そして、体に染みついていく。

この「やればできる」という成功体験は、跳び箱に限らずすべてにおいて役立ちます。小学校に行ってからはもちろんのこと、中学、高校、大人になってからも、ここでの体験が役に立つのです。

跳び箱の5段がなかなか跳べなかったD君は、この体験で自信がついたからか、5段はもうお尻をつかずに跳べるようになりました。いまは6段に挑戦中です。

落ちこぼれの子をつくらない「声かけ」の魔法

朝、保育園の近くにある広場に行って、子どもたちと一緒にマラソンをしています。

マラソンは、得意な子もいればそうじゃない子もいます。

得意な子がやれば、毎回その子たちが1位か2位になります。

でも、そうするとほかの子どもたちは勝てないまま。

毎回がんばっているのにまったく歯が立たないとなると、だんだん子どもながらに「どうせやってもあの子たちには勝てないから、がんばらなくていい」という気持ちを持ってしまう子もいます。

そうならないためには、どうしたらいいでしょうか？

こんなときは、マラソンが得意な子に「**ハンデ**」をつけてあげることです。

◎できる子は自らハンデをつけて、苦手な子はチャンスをつかむ

ある3人の男の子はマラソンがとても得意です。みんな一斉に「よーい、ドン」をしたら、この3人が毎回1位から3位を独占してしまうことになります。

そのため、足の速い3人は、みんなよりも少し後ろの位置からスタートします。

それによって広場1周分くらいの差ができます。

それでも、その3人の子どもたちは「もっと後ろからスタートしたい」と言うのです。子どもたちなりに、自分でハンデをつけようと思いだしたからです。

その言葉を聞いて私は、その子どもたちに「すごいね！」と声をかけてあげました。

「自分からもっと走る距離を長くしてハードルを上げて、もっと速く走れるように練習していきたい」という気持ちが伝わってきたのです。

足が速い3人の男の子たちが自らハンデをつけたことによって、今度はこれまでは勝てなかった子どもたちが勝てるようになってきます。

先日はE君という子がマラソンで1位になれました。

この子は、どちらかというと、マラソンに対して苦手意識を持っている子でした。マラソンの練習には参加するけれど、ほかの子のように積極的に走っていたわけではありません。どちらかというと「走るけど、どうせがんばっても、自分は1位になれないから」と、全力で走ることをあきらめているようなところがありました。

しかし、この日の彼は違いました。

練習を重ねるうちに少しずつスピードがつき、先頭集団と一緒に走れるようになってきました。そうなるとスピードも上がってきます。いつもだったら後半は疲れて走るスピードをゆるめてしまうのに、この日の彼は、スピードをゆるめるどころか、逆に上げたのです。

先生も、そんな彼のがんばりを見ていて「E君、速いね！」と声をかけます。

がんばっているところで声援を受けた彼は、またここでグンと走るスピードが速くなります。

そして、ゴール！　マラソンが苦手だったE君が1位になれたのです。

Ｅ君が一度勝てたことで、今度はほかの子にもスイッチが入りました。**「がんばれば自分もマラソンで勝つことができる」という、ひとつの共通した成功体験を積むことができたのです。**そのうちにほかの子も足が速くなり、いろいろな子がハンデをつけて走る側になっていきました。

ここで大切なことは、ただ単に体力づくりのためだけにマラソンをするというのではなく、いかに子どもたちが楽しく練習できるかを考えてあげることです。

マラソンが好きな子どももいますが、なかには「疲れるからもう嫌だ」という子もいます。でも、それは子どもの本心だから、そこについては何も言わないし、無理にやらせようともしません。**そういう子の場合は、一緒に広場に来て、走っている子を応援してあげています。それだけでも十分です。**

マラソンをすることの一番の目的は体力づくりです。しかし、子ども自身が楽しめていないのに無理にやらせたら、子どもはマラソンが大嫌いになってしまいます。

もし子どもがマラソンが嫌い、走るのが苦手というのであれば、まずはマラソンで走っている子どもたちを応援してあげることからはじめる。ほかの子どもたちの応援を通して、「マラソンをすることは楽しい」という気持ちが芽生えてきたら、そこで初めて「じゃあ、ちょっと一緒にやってみない？」と声をかける。

このようにステップを踏んで、マラソンに興味を持つようになったら、そこから少しずつ走る楽しさを感じられるようにサポートする。

無理してやらせるのではなく、**その子のペースに合わせてあげる**のです。

◎「やりなさい」ではなく「すごい！　カッコいい！　はやい！」と声をかける

子どもが楽しくマラソンを走れるようにするためには、先生の声のかけ方がとても大切です。先生のなかには「がんばって！」と、子どもをマラソンに参加させようとする人もいます。

もちろん声をかけてもいいのです。ただ、そこで**強制にならないように気をつける**こと。これは子どもの問題ではなく、大人のほうの課題です。

「やりなさい」という声かけはよくありません。じゃあ、どういう声かけだったらいいのかといえば**「すごい！」「カッコいい！」「はやい！」と、子ども自身が「やって**

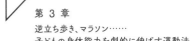

みよう」と思えるように声をかけるのです。

基本は、みんなで一緒に走ることが楽しくて、その輪に一緒に加わろうよ、というくらいの気持ちで声をかけてあげるといいでしょう。

ここでは、ちゃんと「子ども本人がどうしたいか」という意思を尊重してあげること。子ども自身が心から楽しいと思えば、「楽しいからもう少しがんばろう」「今度はこうしたらもっと速く走れるかな」というように、自分で考えだすのです。

指導する立場の先生からすると「みんなでマラソンをして体力をつけさせること」が一番の目的と考えがちですが、大切なのはその一歩手前の、「いかに子どもが楽しくできるか」です。

子どもは、楽しかったら自分でどんどんやりはじめます。

そういった意味では、**元々はマラソンに苦手意識を持っていたE君が1位になれたのは、彼自身のがんばりに加え、先生たちの声かけもあり、相乗効果で高い結果が出せた**のだと思います。

子どもの「やる気スイッチ」をオンにする！

よく親御さんたちの話を聞いていると、「子どものやる気スイッチがどこにあるのかわからない」ということが話題に上ります。

子どもの「やる気スイッチ」というのは、4つのポイントがあります。

このポイントはどんなときでも応用が利くため、覚えておくといいでしょう。

スイッチ① 子どもは競争したがる

スイッチ② 子どもは真似したがる

スイッチ③ 子どもはちょっとだけ難しいことをやりたがる

スイッチ④　子どもは認められたがる

これは、私が「天才キッズクラブ」を立ち上げたときに参考にさせていただいた「ヨコミネ式」教育法を取り入れたものです。

たとえばこれを「天才キッズクラブ」ではどのように応用しているのかといえば、ひとつはマラソンの練習の際に取り入れています。

子どもたちは、競争をするのが大好き。ただ単に「体力づくりのためにマラソンをしよう」と言っても、「えー、疲れる」「走りたくない」となる子が大半でしょう。

そんなときに「よし、みんな。今日は誰が一番になれるか競争だよ！」と言ってあげると、子どもたちの目の色が変わります。

「え、競争なの？　1位になれるかも！」と、子どもたち同士ザワザワしはじめます。「競争」という言葉を使っただけで、すでにやる気スイッチが「オン」になっているのです。

「先に10周、走り切った人が勝ち！　よーい、ドン」でスタート。

マラソンが得意な子はそこで勢いをつけてどんどん走っていきます。それにつられて、最初はそれほど前向きじゃなかった子どもたちも、トップの子どもたちに刺激されて走りはじめます。全力で走る子が多ければ多いほど、徐々に全員の走るスピードが速くなっていきます。賢い子だと、足が速い子の走り方を見ながら、真似をして、自分も速く走ろうとする子も出てきます。

◎名前を呼んであげると、がんばる

子どもたちがマラソンをするときは、広場の端を大きく円を描くようにまわります。私は子どもたちの輪のちょうど真ん中あたりに立ち、走っている子どもたちの名前を大きな声で呼びます。「○○君、速いね！」「△△ちゃん、がんばっているね！」と、その子の顔を見て、フルネームで呼ぶようにしています。

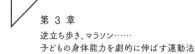

そうすると何が起こるか。

名前を呼ばれた子どもたちは、走るスピードが速くなります。

ちょうど疲れてきたところで、「そろそろ歩いちゃおうかな」と思っていたら、先生から自分の名前を呼ばれた。「先生は自分のことを見てくれていて、そして応援してくれている」という気持ちが伝わるから、子どももがんばろうと思えるのです。

もちろん、疲れたら歩いても大丈夫。**疲れて歩いている子が、「少し休憩できたかな」と思ったら、そのタイミングで「○○ちゃん、がんばっているね、すごいね！」と声をかけてあげると、それをきっかけにまた走り出します。**

そうやっているうちに、目標だった10周を走り切れてしまう。**子どもたちは「疲れたー！」と笑顔で言いながら、完走できたことで満足そう。**

また、ほかの子よりも圧倒的に速く走れる子どもは、あえてハンデをつけたうえで走ることに挑戦する。これは前項でお話ししたように、ちょっと難しいことに挑戦したがる気持ちを組み入れたものです。

◎「名前を呼ぶ」＋「声をかける」

「マラソン」というと、ただ体力をつけるためだけに走っているかのように見えるかもしれませんが、**友だちみんなと競争したり、うまい子の真似をして速く走れるよう**

工夫したりと、いろいろな学びがあります。

そのなかでも、ここまで紹介したように、「名前を呼ぶ」＋「声をかける」というのは、子どものやる気に火をつけ、下がりかけたモチベーションを向上させるのに非常に役立ちます。

ただし、ここで気をつけてほしいのが、これも再三お伝えしていますが、「しっかり走りなさい」という「命令」や「指示」はしないということ。

あくまでも「いま、がんばっている子どもたちを認めて、応援して、励ましてあげる」ことを目的におこなうことが大切です。

ほかにも、マラソンをしているとき、赤土の上を思いっきり走るため転んでしまう子もいます。当然、服やズボンも汚れます。

でも、それでいいのです。子どもたちは、走るのも好きだけど、転んで泥んこになるのも大好きだからです。

子どもたちに「泥んこになるのが好きな人！」と聞くと、「はーい！」と手を挙げます。「なんで好きなの？」と聞くと「だって、つるつるすべって楽しい！」と教えてくれます。

大人はつい、遊んだあとのことを考えてしまいますが、子どもは「いま」そのときが楽しいのです。だから、ドロドロしていたり、つるつる滑って遊んだりできる泥んこ遊びが大好きです。

親としては洗濯して汚れを落とさなければいけないから、できればやらせたくないと思う人もいるでしょう。しかし、子どもは滑って転んで泥んこになるのが楽しくてしかたがない。手間はかかるけど、遊ぶのが大好きになるのです。

同時に、走ることも好きになる。「走るのが苦手」と思っていたり、「できればやりたくない」と思っている子も、走って、転んで、泥んこになるのが楽しくて、それをきっかけにマラソンが好きになる子もいるほどです。

そういった意味では、**「子どもにやらせたいこと」に「好きなこと」をプラスすると、それだけで「やる気スイッチ」がオンになります。**子どものやる気を引き出すこの方法、家庭でも試してみてください。

子どものやる気スイッチがオンになる4つのポイント

①子どもは**競争**したがる

②子どもは**真似**したがる

③子どもは**ちょっとだけ難しいこと**をやりたがる

④子どもは**認められ**たがる

＋

名前を呼んで、声をかける

↓

「命令」や「指示」は
ダメ、ゼッタイ!
やる気スイッチ
ON!!

幼少期は筋力・体力を集中して育てる一生に一度の黄金期

幼少期は、運動能力や神経系の発達が著しく伸びる時期です。この時期にしっかりと基礎的な運動能力を身につけておくと、運動神経がよくなり、どんなスポーツをやっても役立ちます。

そのため「天才キッズクラブ」の子どもたちは、朝登園してから、跳び箱をしたり、逆立ち歩きをしたり、マラソンをしたりと、毎日たくさんの運動をしています。

なかでも難易度が高いのが、先にも紹介した逆立ち歩きです。

逆立ちをすると、腕をはじめ上半身の筋肉が鍛えられるうえに、体幹がしっかりしてきます。腕力がつくし、手首が強くなる。手首が強くなると、転んだときに受け身

をとれるようになります。また筋肉もバランスよくつきます。運動をするから血流もよくなります。血流がよくなると、脳への刺激がたくさん行くようになります……と、いいことづくめ。

ちなみに、体幹が鍛えられると何がいいかというと、姿勢がよくなり、運動をしたときにけがをしにくくなります。また、体が柔軟になり、バランスがとりやすくなるなど、メリットがたくさんあります。逆立ち歩きの練習をして、遊びながら体幹を鍛えることで、体全体がよくなってくるのです。

保育園時代に体幹をしっかり鍛えておくと、小学校入学後も机にしっかりと座って勉強することができます。逆に、体幹がしっかりしていないと、机や椅子にもたれかかるように座ってしまいます。その結果、背骨がゆがみ、猫背になったり、血流が悪くなってしまうということも……。

逆立ち歩きができるようになるまでは、かなり大変です。1年かけてようやくできるようになるレベルです。最終的な目標は逆立ちで自由自在に歩けるようになることですが、そこまでの間に、スモールステップをいくつも設定してあげます。

まずは、歩けないまでも、逆立ちをすることからはじめてみます。

逆立ち歩きをはじめる子たちは、2歳児クラスでも真似をしはじめます。というのも、年中児、年長児クラスの子どもたちが上手に逆立ち歩きをしているのを、2歳児クラスの子どもたちがいつも見ていているからです。

上のクラスの子どもたちが真剣な顔つきで逆立ち歩きをしているのを見ていたら、2歳児の子どもたちも「自分もやってみたい」という気持ちになるのでしょう。

そんなとき先生が声をかけて、壁に向かって逆立ちをする練習をはじめます。

最初は逆立ちすら難しいです。

でもひとりでき、またひとりでき、だんだんできる子が増えてくるのです。

◎焦らせない、比較しない、強制しない

誰に強制されたわけでもなく、みんながやっているから自分もやってみたい。そんな気持ちが広がり、しまいにはみんなが逆立ちの練習をはじめます。

「え、たったそれだけでいいの？」と思うかもしれません。

もちろん自宅で子どもにいきなり、

「あなたより小さな子たちが逆立ちの練習をしているのだから、あなたも練習しなさい」

と言っても、子どもはやらないでしょう。

「天才キッズクラブ」の子どもたちは、０歳、１歳、２歳のころから、まわりで**自分たちよりもちょっと上のお兄さんやお姉さんクラスの子どもたちが、毎日練習しているのを繰り返し見ていて、そこにあこがれが生まれるのです。**

子どもたちのなかでも、逆立ちの練習をしたくないという子もいます。その子たちには無理に練習はさせません。先生たちは決して子どもたちに強制しません。しなくても、子どもたちから自然にやりたいと言うようになります。それを知っているから先生たちも、ときが来るのを待つことができるのです。

２歳児で逆立ちが上手にできるようになり、年中児クラスになるころには、少しずつ逆立ちで歩ける子どもたちが出てくるのです。

◎「結果」よりも「挑戦したこと」をほめてあげる

ポイントは「まわりの子どもたちが楽しくやっているのを見ていると、自分もやりたくなる」ということです。

逆立ちにチャレンジしてできなかったときは、子どもたちに「ナイスチャレンジ」と声をかけてあげています。そんなとき「チャレンジしたことがすごいんだよ」という気持ちが伝わるのです。

大人は、つい「できたかできなかったか」という結果ばかりにフォーカスしがちです。でも、**大切なのは、子どもたちが「チャレンジした」こと**です。そこをたくさんほめてあげるのです。それを続けているうちに、子どもたちは自分でコツをつかんで、できるようになっていくのです。

1回目はダメだった。2回目もダメだった。3回目もダメだった。でも、なんとなく2回目よりかはうまくいった気がする。もしかしたら今度はできるかも？ 4回目チャレンジした。うまくいった！ できた！ 5回目チャレンジした。うまくいかなかった。でも、さっきはできたから、もう1回やってみよう――。

何度も繰り返し練習できるのは、子どもたちが楽しみながらやっているからです。

できると嬉しい、できなかったら悔しい。だからもう一度挑戦して成功したい。成功したら、また成功したいから挑戦する。この繰り返しです。

子どもの心の声に耳を傾けてみましょう。そうしたら、子どもの気持ちが伝わってくるのです。パパやママは子どもたちの心に寄り添って、一緒に応援してあげます。

子どもは、ちょっと後ろから背中を押してあげるだけで大丈夫です。もともと好奇心も強いから、１回でもできると思ったら、どんどん自分でチャレンジしていきます。

◎家庭でできる簡単な運動方法は？

ちなみに、自宅では、なかなかこの逆立ち歩きの練習をするのは難しいと思います。そんなときは、壁に倒立をするだけでもいいでしょう。足首を支えてあげて、逆立ちの練習を手伝ってあげるのもいいですね。

上手にできたら「すごいね！　とてもうまくできたからびっくりしたよ」と言って、たくさんほめてあげる。

2歳くらいの子だったら、でんぐり返しからはじめるのもおすすめです。

まずは、パパかママがやって見本を見せてあげる。子どもは「楽しそう」と思ったら、なんでも真似をします。マンションなどで下の階への振動が心配だったら、床に布団を敷いて、その上ででんぐり返しをする。

「ドスンと音をたてないように、静かにくるりんと回ったほうが勝ちだよ」と言って、競争好きな子どものやる気スイッチを押すのも手です。


大切なことは、運動することを楽しむこと。

子どもたちが心から運動することを楽しめるように、大人も一緒になって思いっきり楽しむこと。この**「運動＝楽しい」という体験が、子どもが「運動好き」になり、「もっとやりたい」という気持ちにつながっていく**のです。

幼児期は、子どもの運動能力を高めるのに最高な時期です。ぜひ子どもと一緒にやってみてください。

第４章

感情や情緒を育み、創造性が伸びていく！「情操教育」のテクニック

ものごとのプラスの面を見る力が養われる「今日のスーパーハッピー」

毎朝、保育園の朝の会がはじまると、クラスの子をひとりほめる「今日のスーパーハッピー」という活動をおこなっています。

これは1日ひとりの子どもにスポットライトを当てて、その子のいいところをみんなで伝えて、ほめてあげるという活動です。

この日、先生から今日のスーパーハッピーに選ばれたのは、F君。

先生が、ホワイトボードにF君のいいところをたくさん書き出していきます。

これをみんなで声に出して読むのです。

「Fくんは、サッカーが上手で、友だちにもやさしくて……」

こんなふうに、自分のいいところをみんなに言ってもらえたら、子どもも嬉しくなります。

読み終わったら、言われた子はみんなの前に立ちます。そこで先生が「笑顔、最高!」と、F君に向かって元気よく声をかけてあげます。それを聞いていた子どもたちも先生につられて「笑顔、最高!」とF君に声をかけてあげるのです。

さらにそのあと先生から「ほかにもF君のいいところについて教えてくれる人!」と言うと、何人かの子どもたちが「はーい!」と手を挙げて、自分が思っているF君のいいところをどんどん発言してくれます。

まわりの子たちは次々に思いついた言葉を言い、それによって「今日のスーパーハッピー」であるF君の性格やいい面がたくさん見えてくるというもの。

ちなみに、「今日のスーパーハッピー」は毎日交代でやっているので、クラス全員が順番に選ばれます。こんなふうにして「天才キッズクラブ」ではそれぞれの子どもがたくさんほめられる場面をつくっています。

◎あるママさんが、目を潤ませながら教えてくれたこと

4、5年くらい前まで、私は園児の家を一軒ずつまわる家庭訪問をしていました。そのときに、あるママがこんな話をしてくれました。

「理事長、聞いてください。息子がホワイトボードを欲しいというので、子ども用の小さなものを買ってあげたんです。そしたら、それに朝の会でやっているんですかね？〝今日のスーパーハッピーは◯◯君で、笑顔が素敵。最高！　ハッピー〟と書いているんですよ。それを見て、本当に嬉しくて……。

保育園でこんなふうに毎日友だちのことをほめてあげているんだなと思って。さらにそれを家で真似していること自体が嬉しくて、泣けてきました。保育園では、本当にすばらしい道徳教育をやってくれているんだな、と感じました」

と教えてくれました。

子どもは、園でやっていることを自宅に帰ってからまた再現して楽しみます。それくらい、保育園での文化は、一人ひとりの子どもに浸透するのです。

日々のいい習慣づくりがいかに大切か。それが園の文化になり、その子の体質になっていく。それが小学校に行っても続いていき、まわりの子どもたちのいいところを見つける力につながっていきます。これは子どもたちにとって、ものすごい財産になります。そんな話をママが目を潤ませながら話してくれました。

◎友だちのいいところを見る力がつく

私はこれまでアパレル経営をしてきたことなどもあり、いろいろな企業研修、朝礼、人材育成を見てきました。そんななかから「これはいいな」と思ったものを、保育園でも積極的に取り入れています。

この「今日のスーパーハッピー」を取り入れたことによって、子どもたちはみんなすごくイキイキして、堂々としてきました。

たとえば、**まだ入園したばかりで、恥ずかしくてモジモジしていた子も、「今日のスーパーハッピー」に選ばれたことをきっかけに、徐々に自分から友だちに話しかけられるようになります。また比較的、保育園の生活にすぐに馴染んで生活できるなど、嬉しい変化もあります。**

さらに、友だちを称《たた》える、応援することを毎日続けることで、友だちのいいところに自然と目が行くようになります。同時に、ネガティブな言葉、出来事に目を向ける回数が減ってきます。その結果、いつも笑顔で前向き、チャレンジ精神が旺盛な子どもに育つのです。

「天才キッズクラブ」では、常に人前に出て発表をするという場面をたくさんつくっています。そのため最初は人見知りをしていた子もしなくなるし、保育園見学者も多いので、たくさんの人の前で臆せずやることができるようになっていきます。

同時に、リーダーシップも発揮できるようになってきます。

というのも、人を応援したり、**人のいいところを見てあげられたりする子は、人から好かれるし、人のために動いている人間なので、自然とそれがリーダーシップの要**

素になっていきます。

何かに秀でていたり、目立ったりすることだけではなく、人のためにいつも何かをしてあげていれば、多くの人からの信頼を得られるようになります。

結果として、おとなしいとか目立つとか、そういった性格的な特性に関係なく、人が応援してくれるようになります。信頼してくれる人がたくさんいると、自然とリーダーとして慕われるようになるのです。

いまの日本に欠けていると私が感じるのは、協調性を育む環境が少ないという点です。「人のために」ということが前面に強く出る子は、社会に出て通用する人になっていく。多くの人から必要とされ、応援される人になっていくのです。

誰もが主役になれる「今日のチャンピオン」

子どもはたくさんの人にほめられて、応援されることが大好きです。

そこで「天才キッズクラブ」では、**毎日いろいろな場面で「今日のチャンピオン」を決めて、みんなの前で発表してあげています。**たとえば跳び箱を跳ぶのに一番がんばって練習した子や、先生の話をしっかりと上手に聞けた子などをみんなの前に連れ出して、「今日のチャンピオン！」と表彰してあげるのです。

この「今日のチャンピオン」というのは、子どものやる気を引き出すひとつのスイッチになっています。さらにいうと、**在園中に、どの子も何度もチャンピオンになるため、そのたびに自分に自信をつけていく**のです。

みんなが「チャンピオンになりたい」と思ってがんばる気持ちを育むというのは、すごく大事なことです。

◎落ちこぼれが出てしまう、その原因は?

いま「子どもたちに順番をつけるのはよくない」という方針の園や学校もあります。そうはいっても、子どもたちが大人になって社会に出たら、順位がつくところなんてたくさんあります。

順位づけすることを避けるのではなく、逆に「**誰にでもチャンスがあるんだ」ということを、保育園の生活のなかでたくさん体験させてあげることが大切です。**

結果として、自分ががんばって一番になりたいと思い、「1位になれた! 嬉しい」という体験を全員がしていくわけです。

それによってスイッチが入り、「自分はやればできるんだ」という自信につながります。全員がその体験をすることによって、落ちこぼれる子どもがいなくなるのです。

逆に、**落ちこぼれになってしまう子というのは、自分に対して自信がない**のです。

しかし、それは子どもの責任ではなく、「自分はできない子」だと思わせるような環境が、どこかにあるはずです。

◎「あきらめずチャレンジし続けること」が評価されるしくみづくり

この環境を変えるのが、「今日のチャンピオン」です。

全員がチャンピオンになるという経験をすれば、落ちこぼれは出ません。

その**環境をつくってあげるのが、親として、教育者としてのつとめ**です。

みんながチャレンジ精神のかたまり。そんな子ばかりになったら、これは最高に幸せなことです。誰も躊躇《ちゅうちょ》しない、誰もが「自分はやればできるんだ」というメンタルが育まれるのです。

子どもが変わっていくことによって、保護者や保育園を見学に来た企業研修の人たちも変わりはじめます。

「社会に出たら、仕事ができる人がいる反面、できない人もいる。落ちこぼれができるのが社会だ」と思っている大人はたくさんいます。

でも、子どもたちは、最初はできていなくても、やる気に火がつき、自ら練習することによってどんどんできる子に変わっていくのです。

この「変化」は子どもに限らず、大人にも起きます。

たとえば、人材育成で一人ひとりにスポットを当てて、小さいころの体験から「自分はできない」と思ったことを塗り替えることができます。


「天才キッズクラブ」のスタッフで香葉村真由美という女性がいます。

彼女は全国で講演をする傍ら、大人向けに絵の指導もしています。

あるとき「昔は絵を描くのが大の苦手だったけれど、少し描き方を変えたらとてもよくなって、絵を描くのが好きになった」という話をしていました。つまり**大人になっても、記憶を塗り替えれば苦手だったことが好きになることもある**のです。

「天才キッズクラブ」では、３～６歳のときに「誰もが落ちこぼれず、苦手なことでも得意にしていく環境」ができています。「三つ子の魂百まで」という言葉通りで、この幼児期に「やればできる」というメンタルを育むことが大切なのです。

応援するすばらしさに気づいてくれる「今日の応援チャンピオン」

その日に一番がんばった人を「今日のチャンピオン」として発表することは、前項で書いた通りです。

それと同時に「天才キッズクラブ」では、**その日一番応援していた人を「今日の応援チャンピオン」として、みんなの前で発表しています。**

みんなが、がんばっている子を応援してあげる文化を大事にしているのです。

ちなみに、子どもが応援チャンピオンになることもあれば、先生が応援チャンピオンになることもあります。

先日は、鈴木先生という教諭が応援チャンピオンに輝きました。

鈴木先生はその日どうやって応援していたかというと、跳び箱をがんばっていた男の子に対して「がんばって跳べたね！　おめでとう！」と、大きな声をかけながら、拍手をしていました。しかも、片膝をついて。

そんな鈴木先生のことを、別の先生が「今日は鈴木先生が応援チャンピオンです！」と発表すると、子どもたちが「鈴木先生、おめでとう！」と言って、先生のマネをして、片膝をついて、今度は鈴木先生に向かってほめたたえます。

「先生すごい！」「先生、かっこいい！」と、子どもなりに、応援チャンピオンになった鈴木先生にあこがれるわけです。

こんなことを毎日やっていると、いつでもどこでもみんなが自然に人のことを応援する、盛り上がるというのが当たり前になってきます。

保育園を見学に来た人たちは、みんなが一生懸命「おめでとう」とやっている姿を見て、涙します。「今日見学されて、どうでしたか？」と聞くと、「私はみんなが応援している姿を見て泣けました」という声をたくさんいただきます。

それくらい「人を応援する姿」というのは感動を与え、応援する喜びを知った子は、社会に出て、人に対していい影響力を与えます。

◎ママと娘が応援団！

この「応援チャンピオン」は、家庭でもできます。

保育園にGちゃんという3歳の女の子がいました。Gちゃんは年長さんクラスの子たちが逆立ち歩きをするのを見ていて、「自分もできるようになりたい！」と思っていました。そこで、自宅に帰ってからも逆立ちの練習をしていたそうです。

3歳の娘ががんばって何回も何回も逆立ちの練習をしていたら、パパもママも一緒になって応援しますよね。Gちゃん自身も、大好きなパパやママが応援してくれたことでさらにがんばろうと思い、真剣度が増します。

Gちゃんのがんばりを見ていたパパが、今度は自ら逆立ちに挑戦することに。そうなったら今度は、Gちゃん自身が応援する側にまわります。

ママが「パパのことを一緒に応援してあげようか。パパがんばれ！」とGちゃんに促してあげる。ママとふたりで「パパがんばれ」と応援してあげることで、パパががんばる。パパはがんばって逆立ちができた。そのときに「できた！　Gちゃん、応援してくれてありがとうね」と言ってくれたら、Gちゃんはすごく誇らしい気持ちになりますよね。私はそれが体験学習だと思います。

「私が応援したら、パパができた。そして喜んでくれた」

これはGちゃんにとって、記憶に残る経験になるでしょう。それを体験したことで、今度は子ども同士でも、Gちゃんは人のことを応援できる子になっていくのです。

◎「応援する力」が身につくと、どこに行ってもムードメーカーになれる

人のことを応援するのが習慣化してくると、大人になっても、どこに行っても人を応援するのが当たり前になってきます。

先日「天才キッズクラブ」のスタッフのひとりが、自分の子どもの通っている小学校でクラス会に参加したときのことです。クラス会のなかで、あるひとりのママが発表したものの、話し終わってもシーンとしていたそうです。

そのスタッフはいつも「天才キッズクラブ」で人を応援するところを見ているので、「みんな、なぜ拍手をしないいんだろう」と思ったそうです。園だったら誰かが発表したら拍手をするのは当たり前になっているので、違和感を覚えたのでしょう。

そこで、園でやるように、発表した保護者の方に向けて拍手をしたのです。そしたら、みんながつられて拍手をしだし、最後はものすごく盛り上がったそうです。ほかのママからは「盛り上がったね。拍手をしてくれてありがとう」と言われたとか。

これが社会ですよね。人のことを応援することが当たり前にできるようになると、場が盛り上がるし、参加しているみんなが楽しくなります。

人のことを応援する文化が身についた人がクラスにひとりでもいたら、クラス全体の雰囲気が変わっていきます。

「天才キッズクラブ」を卒園し、応援することが身についている子どもたちは、どこに行ってもムードメーカーになります。小学校の担任の先生からも「すごく面倒見がよくて、人のことを応援してくれます。クラスのムードメーカーです」と言ってもらえます。それは**人のことを応援するという文化がしっかりと身についているから**です。

ケンカを無理に止めずに、自然に解消する方法

子どもが集まって遊んでいたら、ときにはケンカすることもあります。

ある男の子がほかの女の子に対して「かわいくない」と言ったことがありました。

男の子は何気なく言っただけかもしれませんが、言われたほうの女の子はとてもショックを受けてしまいました。

◎「もし自分が言われたらどう思う？」

もし、あなたがこの場に居合わせたら、何と言いますか？

「そんなことを言ったらだめでしょ！　ちゃんと謝りなさい」

「そんなことないわよね。○○ちゃんはかわいいわよ」

こんなふうに言うかもしれませんね。

私はひどいことを言ってしまった男の子に対して、こう言いました。


「いま○○ちゃんに言った言葉を、自分が言われたらどう思う？」


男の子は「嫌だと思う」と答えました。

「じゃあどうしたらいいと思う？」と投げかけると、男の子は「言わないほうがいいと思う」と答えました。

ここで大切なのは、「かわいくない」と言ってしまった子どもに、相手の立場になって「もし自分が同じことを言われたらどう感じるのか」を考えさせること。

「自分が言われたら嫌だと思うことは、相手に言っちゃだめだよ」という言い方もあるでしょう。しかし、それは大人側の意見です。子ども自身が考えて、導き出した答えとは違います。

女の子に「かわいくない」と言ってしまった男の子は、「もしも自分が言われたら嫌だな」と考えて、「自分が言われて嫌なことは、人に言わないほうがいい」という答えを出したのです。

その後、その男の子は自分から女の子のところに行って、「かわいくないって言ってごめんね」と謝っていました。

ここで男の子に対して、謝ったことをしっかりとほめてあげると、その後、注意しなくても友だちのことを考えて発言できるようになっていきます。

◎ストレスがなければ、ケンカはしない

「天才キッズクラブ」の子どもたちは、あまりケンカをすることがありません。

その理由は、大きく分けて3つあると思っています。

ひとつめは、毎日運動をたくさんして、体を動かして、気持ちを外に発散させているることが大きいでしょう。

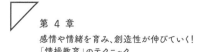

マラソンやマット運動をして体を動かすことでストレス発散ができるし、仲間意識が深まります。また、跳び箱やマラソンが苦手でできない子がいても、みんなで応援する文化があれば、人のことを笑ったりバカにしたりすることはなくなります。

2つめは、先生が「あれだめ、これだめ」と、子どもたちに言わないこと。

子どもたちは1日を通して、とてものびのびと過ごしています。

逆に、先生たちが「あれをしてはいけません」「みんなと同じ行動をしなさい」と規律を厳しくしていたら、子どもたちは常に、先生の顔色を見ながら行動することになります。

その場合、ストレスがたまり、先生たちが見ていないところで陰湿ないじめをしてしまうことも出てくるかもしれません。

3つめは、なによりも子どもたち自身が自分で考えて行動することが尊重されていること。子ども自身の裁量が大きいというのも、大きなポイントです。

気持ちに余裕があるから、友だちのことも考えられるようになります。普通だったらおもちゃの取り合いでケンカになりそうな場面でも、「このおもちゃを使いたいんだね。じゃあ、あとで貸してね」と言って、いったん友だちに譲ってあげられる。先生たちもこの子たちを見ていたら「自分で判断できるな」と思って、口を出さなくなり、子どもたち自身に任せることになるのです。

とにかく、子どもたちのことを認めてあげることが大切です。

もちろん、ときには先ほど紹介した男の子の例のように、友だちにひどいことを言ってしまう子もいます。

そんなときは「ダメでしょ」と言うのではなく、ちゃんと子ども自身に「自分が言ったことで、相手がどんな思いをするか」を考えさせる問いかけをしてあげるようにしましょう。

「ハイタッチ」と「ハグ」のおどろきの効果

「天才キッズクラブの子どもたちは、みんなコミュニケーション能力が高い」と、たくさんの人から声をかけていただきます。

これに関しては、毎朝の習慣が大きいかもしれません。

登園してくると、子どもたちはまず会った子や先生たちにハイタッチをします。男の子同士、女の子同士だったらハグまでします。

挨拶だけでもいいのですが、「おはよう」のひと言だけじゃ元気が出ませんよね。

そこで、**朝いちばんにハイタッチをすることで、お互い相手に〝元気を与えている〟のです。**

これはパパやママ、職員もみんなやります。

園に入ったばかりで、恥ずかしそうにモジモジしている子もいますが、そういう場合、強制はしません。

ただ、**自分の親が楽しそうに先生やほかの子どもたちとハイタッチをしているのを見ると、その子も楽しそうと思えてきて、だんだん仲間に加わるのです。**

最初はちょっと恥ずかしそうに、でも数日たったら「おはよう！」と元気よくハイタッチしながら挨拶しています。

知らない人から見たら「なんだ、朝から元気な保育園だな」くらいにしか思わないかもしれませんが、続けることでコミュニケーション能力が高まってきます。

なぜなら、**ハイタッチをきっかけに笑顔が生まれ、そこから会話が生まれ、子どもたち同士がどんどん仲よくなっていく**からです。

◎ハイタッチ＆ハグがもたらす心の安定

この毎朝のハイタッチとハグのもたらす効果は、私たちが考えているよりもずっと大きな安心感を子どもたちに与えます。

ハイタッチをすることで元気が出てきて、さらにそのあとハグをすることで「相手の存在をそのまま受け入れ、認める」ことにもつながります。

よくパパやママが我が子を抱きしめますよね。そのときにハグされた子どもには「あなたが大好きだよ」という気持ちが伝わりますが、それと同じです。

言葉で「おはよう」と言うだけよりも、ハイタッチ&ハグを通してスキンシップをすることで、相手のぬくもりを感じ、自分を丸ごと受け止めてもらった気持ちになれるのです。

このハイタッチ&ハグは、入園したてで、まだ不安な気持ちで登園してくる子どもたちにも、とても大きく役立っています。

初めての保育園、初めてのお友だちとの顔合わせとなると、子どもも緊張します。ましてや、いままでずっと一緒にいてくれたパパやママと離れて過ごすことになるため、子どもによっては不安を感じる子もいます。

「この保育園はどんなところ？　どんなお友だちがいるの？　先生はどんな人？」

子どもの不安そうな顔には、そんな気持ちが表れています。

そんなとき、お友だちや先生から「おはよう!」と声をかけてもらい、ハイタッチ&ハグをしたら、その子は一瞬でニコッと笑顔に早変わり。

最初は恥ずかしそうにしている子でも、2日目、3日目と過ぎていくうちに、どんどん保育園に慣れて、うちとけてきます。

なによりも、子どもと離れるときに不安そうな顔をしていたママも、ハイタッチ&ハグでほっとした表情に変わるのです。ママが安心すれば、子どももほどなくして保育園に慣れてきます。そして、すぐに毎朝とびきりの笑顔を見せてくれるようになるのです。

◎コロナウイルスをキッカケに誕生した「エアーハグ&エアーハイタッチ」

現在、新型コロナウイルス感染症対策として、ハグもタッチもよくないので、「エアーハグ」と「エアーハイタッチ」をしています。

文字通り「イエーイ」と言いながら、子どもたちがお互いにハグしているつもり、タッチしているつもりでポーズだけ取るのですが、じつはいま、これがけっこう園のなかでも盛り上がっています。

普段のハグは子ども同士であっても同性としかしませんが、エアーハグだったら異性同士もできます。お互いに呼吸を合わせてエアーハイタッチとハグをするのですが、そのタイミングを合わせるのが意外と難しい！　うまくいくときもあれば、ちょっとタイミングがずれることも。タイミングがずれると、お互いに笑ってしまい、そこでまた笑顔が生まれます。

朝のほんの数秒で、みんなが笑顔になれるのです。

いくつかの班に分かれてエアーハグ＆エアーハイタッチをすると、各班のチームワークがよくなり、コミュニケーションもうまくいくのです。

子どもの自己肯定感を高める「ピグマリオンミーティング」

子どもの自己肯定感を高める方法のひとつに「ピグマリオンミーティング」というものがあります。これは、**子どもたち数人が集まり、お互いのいいところを口に出してほめ合おうというもの。**

たとえば、子どもたち数名のグループがあったとします。

集まっている園児ひとりずつのいいところを伝えていきます。

「お絵描きが上手」「走るのが速い」「友だちが転んだら『大丈夫？』と聞いてあげていた」など、ひとりに対してたくさんいいところを挙げていきます。

ただ単に「優しい」と言う子がいたら「どんなときに優しいと思った?」と、もう少し深く聞いてあげるのもいいでしょう。

それぞれの長所を見つけて、具体的に口に出してほめることで、人のいいところをどんどん見つけていく力がつきます。

また言われたほうも、自分では気づかなかった長所を気づくきっかけにもなり、自己肯定感も上がります。

もっと言えば、このトレーニングをすることで、お互いがそれぞれのよさを見つけて、ミーティングをやる前と比べて仲間意識も深まるのです。

◎子ども同士がお互いのよさを知っている

人間は、嫌なところばかり目につきやすいものです。

そんなとき、いいところを見てあげる癖がつくと、たとえ嫌なところがあったとしてケンカをしてしまっても、お互いの性格もいいところもいっぱい知っているから、大人の仲裁なしにケンカを収めることができるようになります。

たとえば、2人の子どもがぶつかって転んでしまいました。

「あなたが悪い」「いやあなたでしょ?」と揉めることもあるでしょう。

しかし、普段からピグマリオンミーティングをやっていると、お互いのよさを認め合っているため、一方が「わざとじゃないよね。だって○○ちゃんはいつも優しいもんね。けがはなかった?」となります。

さらにそれを聞いた相手も「ぶつかっちゃってごめんね。○○君はいつも人のことを心配してくれるよね」となり、一件落着します。

お互いに仲間のよさを理解しているため、ちょっとしたことではケンカが起きにくくなってくるのです。

◎ピグマリオンミーティングのやり方

このピグマリオンミーティングは、子どもだけではなく、じつは先生たちも普段から取り入れています。

「天才キッズクラブ」では、毎日先生たち3〜4人が集まってピグマリオンミーティングを実施します。

たとえば、今日の「ほめられ役」はヤマダ先生（仮名）の番だとします。

まずはその日の引継ぎ事項を報告します。すべての引継ぎ事項が共有されたあと、ヤマダ先生に向かって、ひとりずつ、たとえば「ヤマダ先生、さっき忙しかったときに手伝ってくれてありがとう」などと伝えます。

その際「ありがとう！」という気持ちを示すために、相手に向けて両手を大きく広げます。さらにその後、ひとりずつヤマダ先生のいいところを30秒ほどで簡単に伝えていきます。

ほめられ役のヤマダ先生は、恥ずかしいかもしれませんが、しっかりと相手の目を見て、言葉を受け止めるようにします。

このとき相手がほめてくれたことを「そんなことないですよ」と決して否定しないこと。たとえ謙遜であったとしても、せっかくほめたのに否定されたら悲しいですよね。このほめられ役は、順番に交代してひとりずつ実施しましょう。

ピグマリオンミーティングのやり方

具体的に、
「どんなときに
思った?」と
聞くのもアリ

(A君をほめる場合)

**それぞれの長所を見つけて、
具体的に口に出してほめる!**

→効果①:人のいいところを見つける力がつく

→効果②:互いに仲間のよさを理解している
ためケンカが起きにくくなる

**大人が家庭内や会社内で
やっても効果は同じ!**

ひとりずつその人のよさをみんなでほめる。たったこれだけのことで、気分がとても明るくなり、まわりのスタッフへの信頼感も増します。

気持ちが明るくなると、やる気が増してきます。またグループ内の雰囲気もよくなり、お互い信頼関係も生まれてきます。

このピグマリオンミーティングの効果は、子どもも大人も同じです。

子ども同士でやることで、クラス内の結束力が高まります。

誰とでもすぐに仲よくなれるため、子どもたちはこれまで以上にたくさんの友だちができるようになるのです。ピグマリオンミーティングは家庭内でもできます。ほめられ役にお子さんをすえて、ぜひ試してみてくださいね。

コラム

職員も子どもと同じ。信じて任せてケアするから伸びる

子どもたち一人ひとりに成長の物語があるように、保育園で働く職員たちにも、それぞれ成長の物語があります。ここでは、そんな職員のひとりについてお話しします。

あるひとりの男性職員で、すごくやる気があり、園長に立候補した人がいました。彼は保育園の職員として入ったときから「園長先生になる」ということを目標に掲げてがんばっていたのです。

念願がかなって保育園の園長を任せられるまでに成長したのですが、問題はそこからでした——。

◎あこがれの園長に就任！　にもかかわらず、がんばるほど空回り

彼は子どもたちの前では、すごく笑顔で張り切っているのに、園児がいないところ

コラム

では浮かない顔をしていました。

園長を任せた彼に「いまどんな感じなの？　何に困っているの？」と聞いてみたところ、彼はぽつりぽつりと話しはじめてくれました。


「これまで自分はベテランの先生たちがいる保育園で、職員のひとりとしてやってきました。まわりの先生たちとのコミュニケーションもうまくいっていました。今回、別の園で園長という立場を任されたことから、自分ががんばらなきゃ、ほかの園に負けず劣らず立派な子どもたちを育てなきゃ、とプレッシャーを感じてしまいました。それもあり、まわりの先生たちに『これもしなければいけない。あれができていない』と、いろいろ指示を出しすぎてしまったのです」


そこまで話して、彼は黙ってしまいました。

彼は、人あたりのよさもあり、仕事にも人一倍、志高く取り組んでくれていました。

そんな思いから、ほかの先生たちにも自分と同じモチベーションで仕事に取り組むことを無意識のうちに求めてしまっていたのです。

ほかの先生たちからしたら、一生懸命工夫をしてやっているのに、園長である彼からあれこれ注意ばかりされたらモチベーションが下がって当然です。

私も理事長という立場上、17園ある施設をまわっていて、それぞれの園や先生たちに対して気になることはたくさんあります。そんなときは、第1章でお伝えしたように、「あそこの園にすごくいい先生がいるよ。見学に行ってきたら」と送り出します。見本となる先生の態度は見せるけれど、「こうしなさい」とは指導しない。それぞれの先生たちが自分で学んだことをもとに実践してもらうようにしています。

しかし、園長となる人がうるさく言ってしまい、それによって現場の先生たちが疲れきってしまうようであれば、それは言わざるを得ません。

彼は、一緒に働く先生たちのモチベーションを高めて、もっといい保育園をつくろうと思っていたのに、実際には真逆のことをやってしまっていたのです。

◎「1に楽しく、2に楽しく、3、4がなくて5に楽しく」

私は、「そうか。それを自分でわかっているんだね。じゃあ、どうしたらいいと思

コラム

う？」と彼に聞いてみました。そのうえで私はあらためて彼にこう伝えました。

「天才キッズクラブの教育理念は、やらせない、教えない、無理強いしない。これがうちの基本だからね。そして、1に楽しく2に楽しく、3、4がなくて5に楽しく。これをモットーとしてやっているよね。

職員の先生たちを含めて、みんなが楽しめる保育園にするためにはどうしたらいいか。いろいろ気になることはあるかもしれないけど、職員も子どもも同じ。人のいいところを見てあげる。子どもたちにかかわるときと同じだよ」

と話しました。

彼は、今回がんばりすぎてしまったことで、ほかの職員との間に軋轢《あつれき》が生じてしまいました。しかし、根が素直で、人のいいところもたくさん見つけて伸ばしていくことができる職員です。彼がまわりの職員のよさに目を向け、コミュニケーションをしっかり取り、お互いに信頼していけば、いいリーダーになるでしょう。そのときに、彼の理想とする保育園が少しずつできはじめるのです。

第5章

天才キッズクラブ式教育を、家庭で確実に実践する習慣

子どもの計算力を伸ばす家庭学習法

第4章までは、「天才キッズクラブ」で実際におこなっている教育方針や活動について伝えてきました。第5章では、これまでお伝えしてきた内容をもとに、**実際に家庭でどんなことを取り入れたらいいのか**をお伝えしていきたいと思います。

小学校に通うようになると、勉強でつまずく子がいます。なかでも子どもがつまずきやすい教科のひとつに「算数」があります。足し算、引き算からはじまり、掛け算、割り算が苦手。算数が苦手だから勉強全体に苦手意識を持ってしまう。そんな子どももたくさんいます。

◎子どもが数字を好きになるシンプルな方法

子どもからしたら、机の上で数字の計算をしてもワクワクしないし、楽しくないですよね。しかし**ちょっと工夫してあげるだけで、算数が嫌いな子も、数字が好きになったり、計算をするのが大好きになってしまいます。**

「天才キッズクラブ」でも、０歳、１歳ごろから数字に触れあう機会を積極的につくっています。

たとえば、子どもたちが散歩に行ったときに広場でドングリを拾ったとします。そしたらドングリを拾うときに「1、2、3……」と声に出して数えてあげる。最初は見ているだけだった子どもも、先生たちが数を数えるのを見て、自分もマネをして数えはじめます。

さらに、ここにひとつ遊びのエッセンスを加えます。

10まで数え終わったら、「ロケット飛んでいけー」と言って、大きくジャンプするのです。

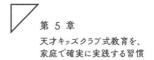

たったこれだけのことで、子どもたちは大喜びです。もう一度、1から10まで数えて「ロケット飛んでいけー」と繰り返し遊びます。

そうやって遊んでいるうちに、どんどん数を数えるのが好きになっていきます。

◎「25×37」の計算が暗算できる子どもたち

「天才キッズクラブ」では、3歳児くらいになると、簡単な足し算もできるようになってきます。

たとえば、私が子どもに「20＋30は？」と声をかけます。すると子どもが「50」と答えます。さらに、「50＋50は？」と聞くと子どもが「100」と答える。

正解したら、「○○君やるね！」と言ってほめてあげます。

そしたら、その子は「理事長先生、引き算もわかるよ」と言うから「え、引き算もわかるの？　やってみてくれる？」と声をかけると、まわりで聞いていた子たちも私のもとに駆け寄ってきて「私も計算できるよ」「僕も」と、大さわぎ。

「10－2は？」

「8！」

「じゃあ8－3は？」

「5！」

「5＋3は？」「5－3は？」……。


このように、その場で10問くらい簡単な暗算問題を出してあげます。そうすると子どもたちは「わかった！」「知ってる！」と言って、どんどん答えてくれます。途中で間違える子も出てきますが、そのときは「ほかには？」と、違う答えを促してあげる。正解が出たら次の問題にいく。この繰り返しです。

さらに上級編として、「インド式計算」を使った掛け算を教えることもあります。

インド式計算にはさまざまな計算方法がありますが、たとえば「25×37」はどう計算するか、次のページで簡単に説明します。

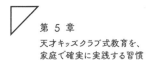

インド式計算①「掛け算の縦書き法」

図1）

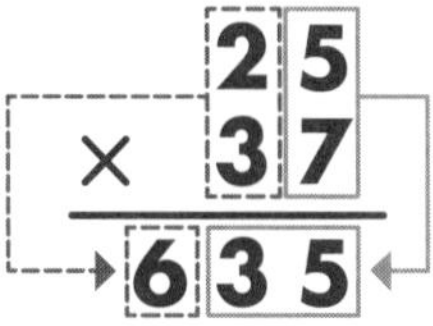

①まず、筆算のようにタテに書く
「10の位×10の位」「1の位×1の位」をそれぞれ計算し、図1のように書く

②「10の位×1の位」をそれぞれ計算したものを
図2のように足し算の要領で計算すれば、終わり!!

図2）

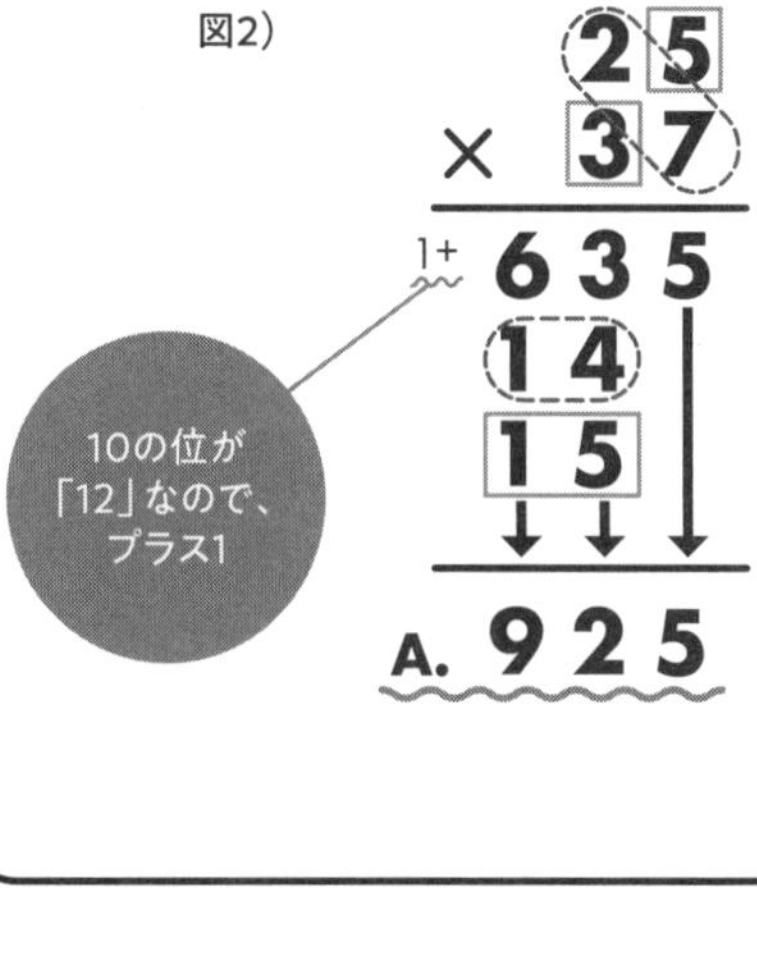

縦書き法より
さらに
カンタン!

インド式計算②「掛け算の横書き法」

①				桁を区切るために線を2本引く
②			35 (5×7)	一番右に「1の位×1の位」の数字を書く
③		14 + 15 (2×7　5×3)	35	真ん中に「10の位×1の位」の数字2つをそれぞれ足し算する
		29	35	
④	6 (2×3)	29	35	一番左に「10の位×10の位」の数字を書く
⑤	6	32 (29+3)	5	一番右の数字の10の位を真ん中の数字に足す
⑥	9	2	5	真ん中の数字の10の位を一番左の数字に足す

+3
+3

A. 925

日本では掛け算の九九は「9×9」までですが、「インド式計算」を取り入れれば、「20×20」までは簡単にできるようになる子もたくさんいます。ほんの少しポイントを教えてあげると、できるようになるのです。

「天才キッズクラブ」では、算数の計算も各担任の先生が常にやってあげていますが、家庭でもぜひ楽しみながらやってみてください。

1日5分~10分でいいので、算数の暗算などをやってあげると、子どもの基礎学力は相当伸びます。

1に楽しく、2に楽しく、3、4がなくて5に楽しく！　決して無理はさせないこと。子どもが楽しくなる工夫を、親子で一緒に考えてみましょう。

「タッチユアヘッド」で覚える英単語

まだ保育園を立ち上げたばかりのころ、私はよく送迎バスに乗って、毎日子どもたちと一緒に手遊びをして遊んでいました。毎日が手探り状態でしたが、同時に子どもたちとかかわる時間がたっぷりとあったため、一緒にたくさんの遊びをしました。

そのなかでも、子どもたちが楽しく遊んでいたのが「**タッチユアヘッド**」という手遊びです。

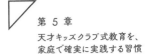

この手遊びのポイントは、「同じ音の繰り返し」と「動き」があることです。

手遊びというのは、目と耳からの情報なので、子どもは楽しく覚えられます。

「動作を目で見て覚える」「言葉を耳で聞いて覚える」と両方することで、脳にいい刺激が行き、記憶力がよくなります。

記憶力以外にも知的発達、運動能力、反射神経、表現力、真似する力、言葉を覚える力などが自然と身についてくると言われています。

◎手遊びから学ぶと、楽しみながら覚えてくれる

「タッチユアヘッド」は有名な手遊びのため、知っている人も多いでしょう。

遊び方は簡単です。

「タッチユア○○」と言いながら、自分の体の各パーツを手でタッチしていきます。

たとえば、「タッチユアノーズ（鼻）」と言われたら、手で鼻を触る。

「タッチユアマウス（口）」と言われたら口を触る。

「タッチユアアイズ（目）」と言われたら目を触る、という遊びです。

これだけでも子どもたちにとっては十分刺激的でワクワク楽しめますが、さらにひと工夫すると、より一層盛り上がります。

たとえば「タッチユアアイズ（目）」で「見えない」「見えない」と言いながら、両手で目を隠して、指の隙間からこっそり覗いてみる。「タッチユアマウス（口）」では、両手で口を押さえて「しゃべれないー！」と言ってみる……などです。

このジェスチャーを加えるだけで、子どもたちは大喜びします。

タッチユアヘッド（頭）、ノーズ（鼻）、アイズ（目）、イヤー（耳）、マウス（口）と言って**子どもが自分で体の部位を手で触れるようになったら、さらに語彙をどんどん増やしてあげましょう。**

ストマック（胃）、ショルダー（肩）、ネック（首）、チーク（頬）、フォーヘッド（おでこ）、エルボー（肘）、ニー（ひざ）、トゥ（つま先）などです。

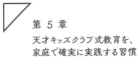

体の部位を覚えたら、今度は机の上や部屋のなかにあるもの。デスク、グラス、ペンシル、テレフォンなどをタッチしていくのもいいでしょう。

手遊びを通じて、いろいろな英単語を遊びながら覚えることができます。

◎パパもママも永遠の3歳児

この手遊びは、1歳半から2歳くらいの子なら十分できます。

また**言葉が十分に話せない子でも、ずっとこの手遊びを繰り返してやっていると、言葉が話せるようになったときに一気に語彙が増える**のです。

この手遊びを家庭でやるときに気をつけることは3つ。

ひとつめは、手遊びをするときは楽しくやること。

子どもに「やりなさい」と強制するのではなく、「タッチユアヘッドやる人?」と聞きつつ、聞いた大人が「はーい」と元気よく返事をしてみせましょう。

2つめは、日本語で説明しすぎないこと。

「ママが、タッチユアヘッドと言ったら、頭を触ってね。タッチユアノーズと言ったら鼻を触ってね」と説明しないようにします。


3つめは、子どもの前でママ自身がやってみせてあげること。

子どもがマネをしたら、「すごいね！　タッチユアヘッドができるんだ！　びっくりした」とほめてあげてください。


この手遊びはリズムが大切です。テンポよく繰り返してやることで、子どもは自然と、行動と歌の意味を結びつけて理解できるようになるのです。

テンポよくおこなうことで単語も覚えやすくなり、反射神経もよくなります。

手拍子してリズムを取りながらやるのもおすすめです。

子どもは、手遊びをしながらかなりの数の英単語が覚えられます。

数字で「ワン、ツー、スリー……」と数えるのも楽しいですよ。10まで数えられた

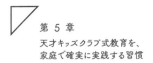

ら、次は20まで、30までと少しずつ延ばしてあげる。その際、指折りしながら数えると、英語の数字と実際の数が理解しやすくなります。

そして、ただ単にあちこちをタッチしたり、数を数えたりするだけだと子どもは飽きてきてしまうことがあります。

そんなときは「タッチユアノーズ」で自分の鼻を触るかわりに、子どもの鼻を触るなど、変化をつけると、子どもはとても喜んで夢中になります。

私は、毎日子どもたちをバスで送迎する間、歌を歌ったり、手遊びをしたりして過ごしました。1日2回、1年間続けたら相当な回数になります。

おかげで、子どもたちは在園中にかなりの数の手遊びや歌の歌詞、英単語を覚えることができました。

手遊びも、工夫次第で英単語やたくさんの言葉を覚えることができます。

工夫しながら、子どもと一緒に遊んでみてください。

「タッチユアOO」と言いながら、自分の体の各パーツを手でタッチしていくゲーム

例）

タッチユアマウス！

子どもができるようになったら、
どんどん語彙を増やしてあげよう！
ストマック、ショルダー…etc.

Point

①強制せずに、楽しくやること

②日本語で説明しすぎないこと

③子どもの前で親自身がやって見せること

さらに！

「タッチユアノーズ」で自分の鼻のかわりに、子どもの鼻を触るなど、変化をつけると、子どもは夢中に！

おわりに

教育において大切なのは「まずは大人が楽しむ」こと

本書は、最初から最後まで一貫して、**子どもに強制することなく、大人が一緒になって楽しむことが何より大事**――と述べてきました。

「教育」というと、一般的には未熟な子どもにしっかりとした知識や経験を与えて、教え育てることだと考える人は多いでしょう。

いま日本全国でおこなわれている教育は、先生が教壇に立ち、授業の内容を黒板にわかりやすくまとめ、それを子どもたちがノートに書き写すという「受け身」のスタイルです。

明治から昭和、平成にかけては、それでもやってくることができました。

しかし、時代が変わりＡＩの発達により仕事にも求められることが変わってきました。これまでの仕事は、どちらかというと上司から指示されたことをしっかりとやり遂げればそれで評価が上がり、給料がもらえる時代でした。

しかし、現代の子どもたちが大人になるころには、仕事での評価は大きく変わっているでしょう。

子どもが育つまでの時間を待たずして、いますでに「指示待ち人間はいらない」と言われてしまうほどになってきました。

つまり、学校で教師から「○○をしなさい」と言われたらサッとできていても、社会に出たら仕事を指示してくれる上司はほとんどいない。自分で考えて動かなければいけなくなってきているのです。

では、これからの日本の教育はどうしたらいいのか。

大事なのは子どもたちが「学習」を楽しめるようになるか、どうかです。

学習を楽しめるようになるためには、子ども自らが興味や疑問を持って観察し、自分で工夫して学ぶという姿勢が大切です。

幼少期というのは、その土台となる知的好奇心を育てるとても大事な時期なのです。

「自分でどんどん工夫して学ぶ」というのが当たり前になる環境をつくること。そのためには、まずは夢中になっている大人の姿を見せることです。

学ぶということは楽しい。心底夢中になって学び、楽しんで、自分で貪欲につかもうとする。そうすることで能動的な学びになる。そのためには大人が楽しんでいる環境づくりをすることがすべてなのです。

これから先求められる教育は、「共に育つこと」です。

親も、先生も、子どもたちも、とにかく楽しんで逆立ち歩きができること。楽しいから、逆立ち歩きができることに意味があるのです。

まずは大人が楽しむ、大人が楽しんでいることを見せる、そのことを教育関係者に見せたい、全国の教育関係者に見てほしいと思って、本書を書き上げました。

私は、これまで幼児教育について、多くの書籍から、また直接お会いできる人にはお会いして、たくさんのことを学んで、「天才キッズクラブ」の教育のなかに取り入れてきました。

本書でもご紹介したグレン・ドーマン博士、ソニー創始者の井深大さん、「公文」の公文公先生、「七田チャイルドアカデミー（現：ＥＱＷＥＬ）」七田眞先生、「アチーブメント」選択理論心理学の青木仁志先生、元文部科学大臣の下村博文先生、脳力開発の第一人者・西田文郎先生、「ヨコミネ式」横峯吉文先生――。

これまで「ヨコミネ式」で学んだ教育をベースに、西田文郎先生の「**正しいか正しくないかではない。ワクワク楽しくすることがすべてに通じていく**」という考えを取り入れています。

そのため、再三にわたって書いてきましたが、「天才キッズクラブ」では「１に楽しく、２に楽しく、３、４がなくて５に楽しく」をモットーに、ハイタッチやハグなど心をつなぐコミュケーションを大切にしているのです。

子どもはちょっとでも無理強いすると、逆効果になってしまうケースもたくさんあります。だからこそ我々は絶対に子どもには無理強いしません。

１００人いたら１００人に通じる教育というものはありません。

実践を重んじる。そこに先生の工夫が必要です。先生たちが意識して子どもに肯定的な声かけをする。「認める教育」をすることです。

それによって子どもたちの自己肯定感が上がり、チャレンジする力、人を応援する力、お互いの個性や意思を尊重し、認め合う文化が育まれ、プラスの空気を創り出していくのです。

すべての子どもたちには、生まれながらにして、たくさんの可能性があります。子どもたち一人ひとりに豊かな個性と才能があります。

それらを信じて伸ばしていくことが、私たちの大人の使命だと考えています。

２０２０年10月

「天才キッズクラブ」理事長　田中孝太郎

主な参考文献・資料

『新版　幼稚園では遅すぎる　真の幼児教育とは何か』井深大 著（ゴマブックス）
『ヨコミネ式　子どもの才能を伸ばす４つのスイッチ』横峯吉文 著（日本文芸社）
『ヨコミネ式　子どもが天才になる４つのスイッチ』横峯吉文 著（日本文芸社）
『「ヨコミネ式」天才づくりの教科書』横峯吉文 著（講談社）
『日本の未来を創る「啓育立国」』下村博文 著（アチーブメント出版）
『志の力』下村博文／青木仁志 著（アチーブメント出版）
『大きく稼ぐ経営者になる脳のアップグレード術』西田文郎 著（現代書林）
『Ｎｏ．１理論』西田文郎 著（現代書林）
『赤ちゃんに算数をどう教えるか』グレン・ドーマン他（ドーマン研究所）
『赤ちゃんの運動能力をどう優秀にするか』グレン・ドーマン他（ドーマン研究所）
『赤ちゃんの知性を何倍にもするには』グレン・ドーマン他（ドーマン研究所）
『認めてほめて愛して育てる』七田眞／七田厚 著（ＰＨＰ研究所）
『七田式超右脳教育法で わが子を天才児に育てる』七田眞／七田厚 著（ＫＫロングセラーズ）
『「頭がよくて思いやりのある子」に育てる91の金言』七田眞 著／七田厚 編（ＰＨＰ研究所）
『二歳で本が読める』公文公 著（講談社）

著者プロフィール

田中孝太郎 （たなか・こうたろう）

株式会社TKC代表取締役。「天才キッズクラブ」理事長。神奈川県を中心に大阪など、17の保育園と学童施設を運営。「ダメな子なんていない」「すべての子どもが天才！」「1に楽しく、2に楽しく、3、4がなくて5に楽しく」「遊びながら学ぶ」「ワクワクする環境さえ与えれば子どもはどんどん伸びる」などをモットーに、すべての子どもたちが天から授かった才能・個性を最大限引き出せる環境を整えた保育園「天才キッズクラブ」を運営。世界一ワクワクする保育園を目指し、地域活性化にも貢献。

かつて経営していたアパレル会社では、社員にはスパルタ教育をおこない、高い実績を維持してきた。しかし、倒産を機会に自らの人生、人の育て方を考え直すことに。4人の我が子の子育てにかかわりはじめたことをきっかけに、子どもの持つ可能性を広げることに興味を持ち、保育園経営をはじめる。現在、理事長という多忙な立場でありながら、常に現場に出て子どもたちと時間を過ごし、子どもたちの成長を見守り続けている。

●「天才キッズクラブ」公式ホームページ
http://www.tensaikids.jp/

やらせない、教えない、無理強いしない
天才キッズクラブ式　最高の教育

2020年12月15日　第1刷発行

著　者　田中孝太郎

発行者　櫻井秀勲
発行所　きずな出版
東京都新宿区白銀町1-13　〒162-0816
電話03-3260-0391　振替00160-2-633551
https://www.kizuna-pub.jp/

執筆協力　間野由利子
企画協力　岡崎かつひろ
ブックデザイン　池上幸一
マンガ　今谷鉄柱
印刷・製本　モリモト印刷

ISBN978-4-86663-129-5

きずな出版